MARCO POLO

# TANSANIA
## SANSIBAR

Reisen mit **Insider Tipps**

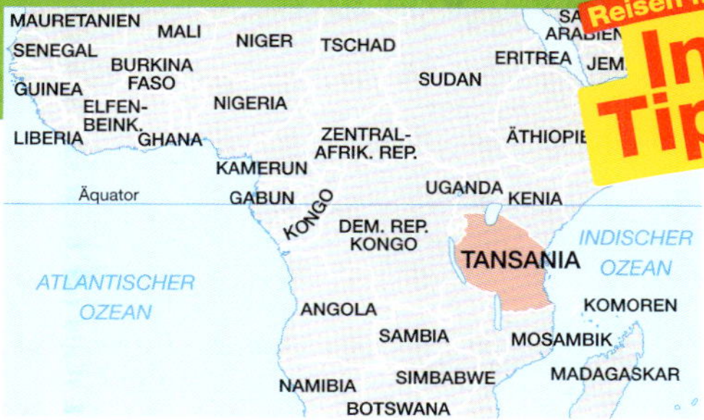


> An Tansania fasziniert mich seine Wildnis: eine schier endlose Weite mit einer vom Menschen so unbeeindruckt wirkenden Tierwelt.
> ***MARCO POLO Autor***
> ***Marc Engelhardt***
> *(siehe S. 130)*



**Spezielle News, Lesermeinungen und Angebote zu Tansania:**
**www.marcopolo.de/tansania**

# TANSANIA

## > SYMBOLE

Insider Tipp **MARCO POLO INSIDER-TIPPS**
Von unserem Autor für Sie entdeckt

★ **MARCO POLO HIGHLIGHTS**
Alles, was Sie in Tansania kennen sollten

**SCHÖNE AUSSICHT**

▶▶ **HIER TRIFFT SICH DIE SZENE**

## > PREISKATEGORIEN

**HOTELS**

€€€ über 150 Euro
€€ 100–150 Euro
€ bis 100 Euro

Die Preise gelten pro Nacht für ein Doppelzimmer mit Frühstück

**RESTAURANTS**

€€€ über 15 Euro
€€ 5–15 Euro
€ bis 5 Euro

Die Preise gelten für ein Hauptgericht ohne Getränke

## > KARTEN

[116 A1] Seitenzahlen und Koordinaten für de[n] Reiseatlas Tansania

[U A1] Koordinaten für die Daressalaam-Karte im hinteren Umsch[lag]

[0] außerhalb des Kartenausschnitts

Übersichtskarte zu[r] Kilimandscharo Na[tio]nal Park auf Seite [...]

Zu Ihrer Orientierung sind auch die Orte mit Koordinaten versehen, die nicht i[m] Reiseatlas eingetragen sind

# INHALT

## > SZENE

S. 12–15: Trends, Entdeckungen, Hotspots! Was wann wo in Tansania los ist, verrät der MARCO POLO Szeneautor vor Ort

## > 24 STUNDEN

S. 94/95: Action pur und einmalige Erlebnisse in 24 Stunden! MARCO POLO hat für Sie einen außergewöhnlichen Tag auf Sansibar zusammengestellt

## > LOW BUDGET

Viel erleben für wenig Geld! Wo Sie zu kleinen Preisen etwas Besonderes genießen und tolle Schnäppchen machen können:

Gute Nacht in der Serengeti S. 47 | Guten Appetit: Mais und Kaffee genießen Sie günstig auf der Straße statt im Restaurant S. 59 | Gute Fahrt: preiswert unterwegs mit dem *dalla-dalla* S. 69 | Gute Unterkunft: Das Haven Guest House auf Sansibar hilft sparen S. 81

## > GUT ZU WISSEN

Was war wann? S. 10 | Spezialitäten S. 26 | Bernhard Grzimek S. 40 | Tansanit S. 52 | Die Massai S. 55 | Bücher & Filme S. 66 | Blogs & Podcasts S. 83 | Was kostet wie viel? S. 106 | Währungsrechner S. 107 | Wetter in Daressalaam S. 108

**AUF DEM TITEL**

Trendstrand Kipepeo Beach S. 70
Auf den Spuren einer arabischen Prinzessin S. 79

# ENTDECKEN SIE TANSANIA!

## Unsere Top 15 führen Sie an die traumhaftesten Orte und zu den spannendsten Sehenswürdigkeiten

*Die Highlights sind in der Karte auf dem hinteren Umschlag eingetragen*

**1 Ngorongoro Conservation Area**
Man nennt ihn auch die „Arche Noahs": Im Ngorongoro leben Löwen und Leoparden neben Gnus und Antilopen, Elefanten und Giraffen (Seite 37)

**2 Serengeti National Park**
In der Sprache der Massai bedeutet Serengeti „das endlose Land": Die schiere Größe der Landschaft und den Artenreichtum ihrer Tierwelt zu erleben, ist ein Muss für jeden Tansania-Besucher (Seite 40)

**3 Ballonsafari**
Gnuherden bis zum Horizont und die endlose Weite der Serengeti: Der Flug mit dem Heißluftballon über die Savanne ist ein einmaliges Erlebnis (Seite 44)

**4 Tarangire National Park**
Elefanten und Affenbrotbäume: Tarangire ist für Kenner der schönste unter Tansanias Nationalparks (Seite 45)

**5 Hatari-Lodge**
Eine Farm in Afrika für Cineasten: Die Lodge ist dem Kinoklassiker „Hatari" gewidmet und überzeugt im afrikanischen Retrostyle (Seite 53)

**6 Kilimandscharo National Park**
Wer den Sonnenaufgang auf Afrikas höchstem Berg erlebt, vergisst die Strapazen des Aufstiegs schnell (Seite 54)

**7 Bagamoyo**
Die erste Hauptstadt Deutsch-Ostafrikas bezeugt die Geschichte der Sklaven und des Kolonialismus (Seite 60)

# > DIE BESTEN MARCO POLO HIGHLIGHTS

**8 Tingatinga Arts Cooperative**
Afrikas Antwort auf Pop-Art: Die quietschbunten Tierbilder werden bis heute traditionell mit Fahrradlacken gemalt (Seite 67)

**9 Oyster Bay**
Entspannen am Stadtstrand, nur ein kurzes Stück von Tansanias hektischster Metropole Dar entfernt (Seite 68)

**10 Saadani National Park**
Strand trifft Busch in Tansanias jüngstem Nationalpark, wo die Safari an Bord eines Kanus stattfindet (Seite 71)

**11 Tower Top Restaurant**
Ein Festmahl aus 1001 Nacht über den Dächern von Stone Town, der ältesten Stadt an der Küste (Seite 78)

**12 Gewürztour**
In Sansibars Plantagen sehen, wo der Pfeffer – und vieles anderes – wächst: Hier hegen Farmer bis heute die natürlichen Schätze der Insel (Seite 78)

**13 Tauchen in Nungwi**
Auf Tuchfühlung mit Rochen und Walhaien im leuchtenden Ozean vor der Nordspitze Sansibars (Seite 85)

**14 Fundu Lagoon**
Massage mit Meerblick auf Pemba: In dieser Luxuslodge werden Sie sich wohlfühlen (Seite 89)

**15 Bei den Schimpansen von Gombe**
Besuch bei der Verwandtschaft: Der Nationalpark Gombe wurde durch die Forscherin Jane Goodall bekannt (Seite 92)

# WAS FÜR EIN LAND!

Flusspferde im Selous Game Reserve

Tansania ist Afrika wie aus dem Bilderbuch. Tansania, das sind jene legendären Savannen, durch die riesige Gnu-, Zebra- und Antilopenherden ziehen. Das sind traditionsreiche Gewürzplantagen, deren Duft die Reisenden begleitet. Das ist die Äquatorsonne, die über dem Indischen Ozean und seinen bunten Korallenriffen glitzert. Hoch über dem Land thront der Kilimandscharo, im entlegenen Westen nahe der Grenze zum Kongo tummeln sich Schimpansen in dichten Regenwäldern. Und auf Sansibar mischen sich Sultanspaläste und der Stolz der alten Suaheli-Kultur zu einem einzigartigen Mix.

**> Serengeti, Ngorongoro, Kilimandscharo, Sansibar – Namen, die die Phantasie beflügeln. Wer hat nicht schon von den goldenen Savannen geträumt, aus deren Mitte ein schneebedeckter Berg ragt. Geparden, Gazellen und Gnus sind hier zu Hause, Zehntausende der galanten Tiere finden alleine in einem einzigen Riesenkrater am Rand der Serengeti Schutz und Nahrung. Sansibar hingegen klingt, schmeckt und fühlt sich an wie ein Märchen aus 1001 Nacht: ein Traum vom Orient, umgeben von der türkisfarbenen See.**

Endlose Strände und exotische Gewürzfelder liegen auf der paradiesischen Inselgruppe vor Afrikas Ostküste nur wenige Kilometer auseinander. Tansania, das sind aber allem voran auch seine Bewohner: Dazu zählt das wohl berühmteste Volk Afrikas, die Massai, die wie kein anderes für die Wildnis der Savanne stehen, ebenso wie die Suaheli, deren kulturelles Erbe aus Arabien, Portugal und Afrika einen einzigartigen Mix darstellt. Und jedes andere der mehr als 130 tansanischen Völker,

## > Von den goldenen Savannen zu den Vorfahren des Menschen

deren Gastfreundschaft dafür sorgen wird, dass Ihnen Ihr Traumurlaub noch lange in Erinnerung bleibt.

Dass wir letztlich alle Afrikaner sind, können Sie sich in der Olduvai-

Wenn er auf die Jagd geht, erzittert die Savanne: ein Leopard in der Serengeti

Schlucht im Norden des Landes beweisen lassen: Hier wurden einige der ältesten Überreste der Vorfahren des Menschen ausgegraben. Nicht immer ist man mit den Menschen in Tansania so freundlich umgegangen wie heute: In Bagamoyo, einst die Hauptstadt Deutsch-Ostafrikas, wurden Hunderttausende als Sklaven in die ganze Welt verschifft.

Das heutige Tansania ist mit einer Fläche von 945 000 km² fast dreimal so groß wie Deutschland. Ein Viertel dieses Gebiets steht unter Naturschutz. Neben dem Serengeti-Nationalpark glänzen unbekannte Reservate wie Tarangire, Arusha oder Saadani durch ihre eigene und unverwechselbare Landschaft. Auch das größte Schutzgebiet Afrikas, das Selous-Reservat, liegt in Tansania. Mit 44 800 km² ist es fast viermal so groß wie die Serengeti.

Tansania ist Safariland: Die meisten Touristen brechen nach ihrer Ankunft ohne Umwege zu den Wildbeobachtungen auf – am beliebtesten ist dafür der Norden des Landes –, um sich später an den Stränden Sansibars

> *Erst zur Safari, dann an den Strand – oder auf den Kili*

zu erholen. Ein kleiner Teil entscheidet sich aber fürs Bergsteigen und erklimmt den 5895 m hohen Kilimandscharo. Das Bergmassiv mit seiner berühmten Schneespitze ist das „Dach Afrikas“.

Das Kontrastprogramm zur Natur wartet in den Städten, vor allem in Tansanias größter Metropole Daressalaam. Aus Radios am Straßenrand scheppert Musik, der Imam ruft zum Gebet, Händler versuchen, ihre Waren unters Volk zu bringen, und Bettler bitten um ein paar Schillinge. Tansania ist eines der ärmsten Länder der Welt: Wer Arbeit hat, verdient im Schnitt weniger als 50 Euro im Monat. Wer – wie die meisten – keine hat, muss sehen, wie er sich durchschlägt, vor allem auf dem Land. Mehr als vier Fünftel der 40 Mio. Tansanier sind Kleinbauern, die für ihren Eigenbedarf anbauen und deren Ernte ausschließlich von den wegen des Klimawandels immer unberechenbareren Regenfällen abhängt.

# WAS WAR WANN?

## Geschichtstabelle

**3 500 000 v. Chr.** Die „Wiege der Menschheit": Hominiden hinterlassen ihre Spuren im Great Rift Valley

**Ab 9. Jh.** Beginn des Handelsverkehrs. Aufschwung der Suaheli-Kultur

**1498** Der Portugiese Vasco da Gama erreicht die ostafrikanische Küste. Die Portugiesen herrschen für 200 Jahre

**18. Jh.** Muslime kontrollieren die Handelswege. Der Handel mit Elfenbein, Sklaven und Bodenschätzen blüht

**19. Jh.** Die ersten Missionare kommen

**1873** Der Sklavenhandel wird verboten

**1890** Sansibar wird britisches Protektorat. Tanganyika gehört zur Kolonie Deutsch-Ostafrika

**1905–1907** Rebellion der afrikanischen Arbeiter *(Maji-maji-Aufstand)* gegen die deutschen Kolonialherren

**1919** Nach dem Ersten Weltkrieg wird Tanganyika unter das Protektorat der Briten gestellt

**9. Dez. 1961** Tanganyika wird unabhängig. Ein Jahr später wird Julius Nyerere zum Präsidenten gewählt

**26. April 1964** Tanganyika und Sansibar schließen sich zur Republik Tansania zusammen

**1967** Arusha-Deklaration: Die sozialistische Ära Tansanias beginnt

**1985** Nyerere tritt zurück, der Afrikanische Sozialismus ist gescheitert

**1995** Erste Mehrparteienwahlen

**2005** Jakaya Kikwete wird Präsident

**2020** In diesem Jahr soll der Schnee auf dem Kilimandscharo – bedingt durch den Klimawandel – verschwunden sein

Trotz all dieser Probleme geht es dem Land heute deutlich besser als zu Zeiten des Ujamaa-Sozialismus von Gründungspräsident Julius Nyerere, als Regale in den Geschäften oft monatelang leer verstaubten und die Menschen nur dank geschmuggelter Waren aus Kenia überlebten.

Symbol des „neuen" Tansanias ist der seit 2005 regierende Präsident Jakaya Kikwete. Respekt hat sich der charismatische Politiker nicht zuletzt damit verdient, dass er mit der weit verbreiteten Korruption aufräumt und bereits den Zentralbankchef, Premierminister und andere etablierte Politiker in die Wüste geschickt hat. Tansania, das bisher jährlich mehr als 1 Mrd. Dollar Entwicklungshilfe empfängt, steigt auch dank solcher Maßnahmen mehr und mehr zum Liebling westlicher Politiker auf.

Tansania ist ein buntes Mosaik aus Ethnien, Sprachen und Traditionen. Es grenzt fast an ein Wunder, dass diese Vielfalt keine politische Instabilität erzeugt – wie es in den Nachbarländern oft der Fall ist. Etwa 130 Volksgruppen leben im Land, und ebenso viele unterschiedliche Sprachen werden gesprochen. Nationalsprache ist Suaheli – ein Idiom, das aus der Begegnung der Küstenbewohner mit arabischen Seefahrern entstanden ist. Mit Englisch, der Sprache der britischen Kolonialherren, kommen Sie in Tansania aber überall durch.

Jung ist diese Nation: 1961 wurde das ehemalige Deutsch-Ostafrika von Großbritannien unabhängig, drei Jahre später schlossen sich Tanganyika (so die historische Bezeichnung des Festlands) und die Inselgruppe Sansibar zur Republik Tansania zu-

> *Ein buntes Mosaik aus Völkern, Sprachen und Traditionen*

sammen. Ein innenpolitischer Unsicherheitsfaktor ist heute allein Sansi-

Sehnsucht nach Sansibar: Die ostafrikanische Insel ist ein Paradies für Strandurlauber

bar – was daran liegen mag, dass die Inseln zu den ärmsten Regionen des ganzen Landes zählen. Die vorhandene Unabhängigkeitsbewegung hat dennoch wenig Rückhalt in der Bevölkerung.

Eine der größten Herausforderungen, vor denen Tansania steht, ist die Erhaltung seiner sagenhaften Natur. Noch gehört das Land zu den artenreichsten der Welt. Doch viele der 310 Säugetierarten, mehr als 1100 Vogelspezies und 10 000 Pflanzen, von denen es ein Viertel nirgendwo sonst auf der Welt gibt, sind durch Bevölkerungswachstum, große Nutztierherden und Brandrodung stark gefährdet. Umweltschutz und die Einbeziehung der lokalen Bevölkerung in Tourismusprojekte spielen in Tansania seit Jahren eine immer wichtigere Rolle, damit die Natur langfristig eine Chance hat. Es lohnt sich, als Urlauber darauf zu achten, ob ökologische und soziale Standards eingehalten werden. Damit Sie eines Tages in ein ebenso zauberhaftes Land zurückkehren können, wie Sie es jetzt genießen.

# TREND GUIDE TANSANIA

Die heißesten Entdeckungen und Hotspots!
Unser Szene-Scout zeigt Ihnen, was angesagt ist

**Michael Nelson Ntiyu**
gehört zum Volk der Chagga und fühlt sich als Grenzgänger zwischen der Tradition seines Volkes und der westlichen Kultur. Der 36-Jährige Bergführer hat mehr als 150 Gruppen auf den Kilimandscharo gebracht. Doch unser Szene-Scout kennt nicht nur den höchsten Berg des Landes wie seine Westentasche, sondern weiß auch, was in Sachen Kunst und Kultur abgeht.

## BIKE-HERAUSFORDERUNG

### Königsdisziplin Kilimandscharo

Der schneebedeckte Berggipfel übt seit Neuestem nicht nur auf Bergsteiger eine Faszination aus, sondern lockt nun auch Mountainbiker an. Jedes Jahr im Juni nehmen die Extremsportler beim *Mount Kilimanjaro Bike Race* die Herausforderung der 80 km langen Strecke an *(www.mtkilimanjaromarathon.com)*. Zwei Tage sollten Biker bei der *VAUDE Kili[man]jaro Adventure Challenge* für die Umrundung des Berges einplanen *(www.kilimanjaroman.com,* Foto*)*. Action, Abenteuer, Anstrengung – wer diese drei A nicht scheut, bucht eine Bike-Safari. Dabei beobachtet man aus sicherer Entfernung Tiere in freier Wildbahn *(Kilimanjaro Mountain Bike Safaris, www.safarimtb.com)*.

## TURTLE STATE TANSANIA

### Grün & gut gepanzert

An den Küsten Tansanias und Sansibars tummeln sich bunte Fische und andere Meeresbewohner – z. B. Schildkröten. Damit das so bleibt, sorgen immer mehr Organisationen für das Wohl der grünen Urtiere. Die Tauchschule *Buccaneer Diving* bietet spezielle Kurse, die sich mit nachhaltigem und meeresbewohnerfreundlichem Tauchen beschäftigen. Dabei können die Tiere beobachtet werden *(Sansibar, www.buccaneerdiving.com,* Foto*)*. Um den Lebensraum der Schildkröten auf und um Mnemba Island kümmert sich *&Beyond*. Die Agentur setzt auf nachhaltigen Tourismus und unterstützt den Schutz der bedrohten Nistplätze *(www.andbeyond.com)*. *Seasense* setzt sich mit dem *Tanzania Turtle & Dugong Conservation Programme* für den Schutz von Schildkröten und Seekühen auf Mafia Island ein *(www.seasense.org)*.

## SO EIN THEATER

### Mehr als nur Laienspieler

Obwohl es in Tansania nur wenige Theater gibt, bilden sich immer mehr Schauspielgruppen, die auf Straßen oder bei Theaterfestivals performen. So mixt die *Lumumba Theatre Group* traditionellen Tanz mit Schauspiel. Ihre Shows können Theaterfans u. a. bei den regelmäßig stattfindenden *Crossroads Festivals* bewundern *(www.music-crossroads.net,* Foto*)*. Die Amateuergruppe *Dar Es Salaam Players* zeigt ihr Können nicht nur auf der Straße, sondern darf auch immer wieder im einzigen Theater Daressalaams, dem *Little Theatre*, auftreten *(Haile Selassie Road)*. Das *Parapanda Theatre Lab*, auch bekannt als *Parapanda Arts*, setzt sich für Kleinkunst in Tansania ein, organisiert Workshops und will Theater durch die Auftritte seiner Schauspielgruppe populärer machen *(Stadtrand von Daressalaam, www.parapanda.org)*.

# LUXUSLODGES

## Im Einklang mit der Natur

Die neuen Hotelkonzepte suchen die Einheit mit der beeindruckenden Landschaft. Ob Lodge oder Resort, die Luxushäuser schmiegen sich gleich einem Stück Natur in die Umgebung. Die *Tarangire Treetops Lodges*, die am Rand des Nationalparks um die charakteristischen Affenbrotbäume gebaut wurden, sind zu allen Seiten offen und verschmelzen quasi mit der Natur. Sogar vom Himmelbett aus haben Gäste einen tollen Blick über die Steppe *(Tarangire National Park, www.elewana.com,* Foto*)*. Abgeschnitten von der Außenwelt, verspricht das einzige Resort auf Mnemba Island Luxus pur unter tropischen Palmen *(Mnemba Island Resort, www.mnemba-island.com)*. Mehr Afrika geht nicht: In *Gibb's Farm* duschen Sie open air mitten in der Savanne *(Karatu, www.gibbsfarm.net)*.

# TANSANIA KICKT

## Hoffnung per Torschuss

Fußball berührt, weckt Emotionen und verbindet. Das machen sich Hilfsorganisationen in Tansania zunutze. Deshalb bedeutet ein Spiel hier mehr als einfach nur 90 Minuten Spaß am Kicken. *Right to Play Tansania* setzt in den Gemeinden des Landes Fußballtrainer ein, die der Bevölkerung neben dem Sport auch Hilfestellung in Alltags- und Gesundheitsfragen geben sollen *(www.righttoplay.ch,* Foto*)*. Den gleichen Ansatz verfolgt die Organisation *Initiative Football for Hope*, die bereits 80 Teams gegründet hat *(www.streetfootball world.org)*. Wer sich sowohl vom sportlichen Erfolg als auch von der Entwicklungshilfe überzeugen will, besucht den *Bukoba Kids Sports Club (Bukoba, Kagera, www.bukobakids.org)*.

# PARTYHOTSPOT SANSIBAR

## Tanz ums Lagerfeuer

Sobald die Sonne untergegangen ist, beginnt die Party. Schuhe ausziehen und den Sand zwischen den Zehen fühlen – auf Sansibar tanzen Nachtschwärmer barfuß zwischen Akrobaten und Trommlern im Licht des flackernden Feuers. Partys wie die *Full Moon Party* am Kendwa Beach sind der Place to be *(Kendwa Rocks, Nungwi Beach, Nungwi, www.kendwarocks.com)*. Einmal im Monat wird die *Zamani Beach Party* gefeiert *(Zamani Zanzibar Kempinski Beach Club, Kiwengwa, www.kempinski-zanzibar.com)*. Die DJs von *Routes in Rhythm* sorgen bei der *All Night East Coast Beach Party* für Stimmung *(www.busaramusic.org)*.

# BONGOTOONS

## Tansanias Sprachrohr

*Katunis*, wie Comiczeichnungen in Tansania genannt werden, spiegeln die Welt der Künstler wider. Ali Masoud bringt politische und gesellschaftliche Themen in seinem Cartoon *Kipanya* zur Sprache *(www.kipanya.co.tz)*. Die Werke von Fred Halla werden in Ausstellungen der Künstlerorganisation *Rafiki Trust* gezeigt *(Daressalaam, www.artshost.org/rafiki)* und illustrieren zudem regelmäßig die neuesten Themen der Wochenzeitungen *Dira* und *Majira (www.katuni.itgo.com)*. Die *Mawazo Art Gallery* setzt sich für die Künstler ein und bietet ihnen Raum für ihre Werke *(Upanga Road, Daressalaam, www.mawazo-gallery.com,* Foto*)*.

# STYLE & TRADITION

## Mustermix und Farbenpracht

Tansanias Designer holen sich ihre Inspiration vor der Haustür. Mustafa Hassanali verpasst modernen, lässigen Shirts und Kleidern durch traditionelle Muster einen Touch Afrika *(Haute Couture Studio, 105 Kilimani Road, Daressalaam, www.mustafahassanali.net)*. Ebenfalls in Daressalaam kombiniert Ally Rehmtullah *(www.allyzdesigns.com,* Foto*)* afrikanische Stoffe mit Applikationen wie Federn und gibt seinem Afrika-Look ein westliches Flair. Seine Kollektionen präsentiert er u. a. in Hotels wie dem Mövenpick Royal Palm Hotel *(Ohio Street, Daressalaam, www.moevenpick-daressalaam.com)*.

# VON LÖWEN, TROMMELN UND ABERGLAUBEN

Suaheli für den Hausgebrauch und Big Five fürs Fotoalbum: Wissenswertes über Tansania

## AIDS

Die Immunschwächekrankheit hat in Tansania fast eine ganze Generation auf dem Gewissen. Auf dem Land sind es heute überwiegend die Großeltern, die ihre Enkel großziehen. Mehr als 25 Jahre nach dem ersten Auftreten sind heute mindestens 1,6 Mio. Tansanier infiziert. Die Zahl der Todesfälle wird auf jährlich zwischen 100 000 und 200 000 geschätzt. Ungeschützter Sex ist auch für Urlauber lebensgefährlich.

## BIG FIVE

Löwe, Rhinozeros, Elefant, Leopard und Büffel: Die fünf größten Säugetiere Afrikas waren früher das Hauptziel der Jagdsafaris und werden *Big Five* genannt. Doch die Tage der Großwildjäger, die auf Felle und Elfenbein aus waren, sind vorbei. Heute

Bild: im Ngorongoro-Krater

# STICH WORTE

geht man auf Fotosafari – und anstelle des omnipräsenten Büffels zählt dabei der Gepard zu den *Big Five*.

## DALLA-DALLA

Faszinierend, wie viele Menschen in einen Toyota-Kleinbus passen: Bei einer Fahrt mit dem *dalla-dalla* sind 25 Fahrgäste keine Seltenheit. Umso erstaunlicher ist es, wenn man die Tansanier nach der heißen, holprigen Fahrt aussteigen sieht: die Anzüge scheinbar unzerknittert, die Kleidung fleckenlos! Touristen können sich dem traditionellen Gefährt in der Stadt (nur tagsüber!) durchaus anvertrauen. Auf Sansibar sind die privat betriebenen Kleinbusse das Standardverkehrsmittel – staatliche Busgesellschaften gibt es dort nicht. Der große Vorteil der *dalla-dallas* ist ihr Preis: Eine Stadtfahrt kostet selten mehr als ein paar Hundert Schillinge.

## JAMBO

*Jambo!* (sprich: Dschambo!) heißt „Hallo" auf Suaheli und ist der Start für ein ausführliches Begrüßungsritual, bei dem man sich nach dem Wohlergehen der Familie, der Arbeit, der Kinder und dem ganzen Rest erkundigt. Diese Form der Höflichkeit hat einen hohen Stellenwert in Tansania: Niemand käme auf die Idee, in einen Laden zu gehen und einfach etwas zu kaufen. Erst mal wird nachgefragt, wie es dem Verkäufer geht – ob man noch zum Geschäftlichen kommt, wird sich zeigen. Zeit haben Tansanier schließlich als Einziges im Überfluss.

Der wohl populärste *mzungu* Tansanias als Museumsfigur: Bernhard Grzimek

> *www.marcopolo.de/tansania*

## JUJU

Zauberei oder *Juju* bestimmt bis heute alle Aspekte des tansanischen Lebens. Ein Drittel der Tansanier hat in der letzten Volksbefragung als Religion „Naturglauben" angegeben – in Wirklichkeit sind es wohl viel mehr, die außer zur Kirche auch zum Juju-Priester und statt ins Krankenhaus zum Geisterheiler gehen. Als Humbug abtun sollte man den Glauben keinesfalls. Er hat eine längere Geschichte als manch andere Religion und ist tief im Land und seinen Traditionen verwurzelt.

## MUSIK

Musik und Tanz gehören auch in den ärmsten Dörfern fest zum Leben. Eines der beliebtesten Instrumente ist das Xylofon. In Zentral-Tansania werden mit *marimbas* – Xylofone mit vibrierendem Hohlkörper – ganze Orchester bestückt. Vor allem im Westen des Landes ist die Trommel *(ngoma)* bei Festen das beherrschende Instrument – es gibt sogar einen gleichnamigen Tanz. In der Kolonialzeit führten deutsche und britische Militärkapellen zur Entwicklung von *beni ngoma* – Musikvereinen, die traditionelle Trommeln mit Blechblasinstrumenten verbinden. Zur Musik der Moderne gehört eine lebendige Hip-Hop-Szene und der enorm beliebte *Bongo Flava* – Rap mit afrikanischen Einschlägen. An der Küste und besonders auf Sansibar ist es die arabisch beeinflusste *Taarab*-Musik, die die Menschen begeistert. Ihre Kennzeichen: Rhythmus, Trommeln und aktuelle, oft kritische Texte. Mehr zur zeitgenössischen Musik Tansanias unter *www.afropop.org* oder *www.bongoflava.com*.

## MZUNGU

Je weiter entfernt von der Touristenroute Sie unterwegs sind, desto eher werden Kinder mit dem Finger auf Sie zeigen und *mzungu, mzungu* (Suaheli für: weißer Mann) rufen. Zwar sind die Zeiten vorbei, als man auf dem Land noch nie einen Weißen gesehen hatte. Doch außergewöhnlich ist europäischer Besuch dort immer noch. Mzungu sind Sie aber auch in den Touristenhochburgen, wo Sie oftmals nicht drum herumkommen, Mzungu-Preise zu zahlen, die dem westlichen statt dem afrikanischen Geldbeutel angepasst sind.

## SAFARI

Eine Safari (Suaheli für: Reise) in Tansania ist ein einmaliges Erlebnis. Rechnen Sie mindestens zwei, in den größeren Parks besser drei Nächte ein, um Tierwelt und Umgebung in aller Ruhe zu genießen. Die meistbesuchte Safari-Region ist der *Northern Circuit* westlich und nordwestlich von Arusha. Dort befinden sich die beliebtesten Nationalparks des Landes: die Serengeti, Ngorongoro, Lake Manyara und Tarangire. Den weniger bekannten *Southern Circuit* (u. a. Selous Game Reserve) erreichen Sie von Daressalaam aus.

Eine Tour in die nördlichen Parks organisieren Sie am besten von Arusha aus. Die meisten auf den Süden spezialisierten Veranstalter sitzen in Dar. Die Buchung einer Safari vor der Ankunft in Tansania ist üblich und zudem ratsam – vor allem in der Hauptsaison sind Lodges und Touren oft Monate im Voraus ausgebucht. Angeboten werden meist *packages* (Transport, Unterbringung, Safari plus Fahrer und/oder Führer im Paket). Die Preise der Veranstalter *(tour operators)* variieren stark. Rechnen Sie für eine Safari, bei der Sie in einer Lodge übernachten, mit mindestens 250 Euro pro Kopf und Nacht (nach oben offen). Die Hälfte davon geht allein für Parkgebühren drauf.

Safaris sind – mit Ausnahme der Regenzeiten, wenn Wege oft unpassierbar werden – zu jeder Jahreszeit möglich. Von Juni bis September – und damit nach der großen Regenzeit – halten sich besonders viele Tiere in den Nationalparks auf, weil sie genügend Wasser und Futter vorfinden.

## SUAHELI

Die Suaheli (englisch: *Swahili*) waren Tansanias erste bekannte Hochkultur, entstanden aus einem Mix von afrikanischen, persischen und arabischen Kaufleuten und Traditionen. Ab dem 10. Jh. bauten sie Städte und den Goldhandel mit der Außenwelt aus. Eine der größten Ruinenstädte der Suaheli liegt auf *Kilwa Kisiwani,* einer Insel südlich von Dar. Ibn Battuta, eine Art arabischer Marco Polo des 14. Jhs., beschrieb Kilwa als „eine der schönsten und bestkonstruierten Städte der Welt“. Manche Historiker glauben, dass die Legende von König Salomons Goldminen hier ihren Ursprung hat. Nach dem 15. Jh. verschwand die Suaheli-Kultur auf einmal von der Bildfläche. Darüber, was mit ihr geschah, rätseln Archäologen bis heute. Das heutige Tansania verdankt den Suaheli seine Landessprache: Nach der Unabhängigkeit entschied sich Julius Nyerere, Kisuaheli und nicht Englisch zur Staatssprache zu machen. Außerdem verabreden sich die Tansanier bis heute in Suaheli-Zeit: Sie beginnt mit 0 Uhr bei Sonnenaufgang (am Äquator fast immer um 6 Uhr früh), 6 Uhr entspricht unserer Mittagsstunde, und um 12 Uhr (18 Uhr) geht die Sonne wieder unter. Fragen Sie im Zweifel nach, welche Zeit gemeint ist!

128 Völker leben in Tansania, darunter auch das Nomadenvolk der Massai

## UJAMAA

Tansanias erster Präsident Julius Nyerere, der von 1961 bis 1985 regierte, führte sein Land in den „afrikanischen Sozialismus", dessen Kern die Dorfgemeinschaft sein sollte. Die Politik des *Ujamaa* (Suaheli für: Gemeinschaft) führte die Bevölkerung in Gemeinschaftsdörfern zusammen, die sich selbst verwalten und versorgen sollten. Tansanias Einheitspartei Tanu bestimmte 8000 Ujamaa-Dörfer, Hunderttausende wurden dorthin zwangsumgesiedelt. In den Dörfern wurden intensive Monokulturen propagiert, was zur Auslaugung der Böden und zum Versiegen der Quellen führte. Viele dieser Orte leiden noch heute darunter. Korruption und Machtmissbrauch taten ein Übriges, um ein wirtschaftliches Desaster zu schaffen, das auch die Regierung Nyerere nicht länger ignorieren konnte. Ende der 1970-er Jahre wurde das Experiment eingestellt.

## VIELVÖLKERSTAAT

128 Völker oder Ethnien leben in Tansania in Frieden miteinander. Das liegt zum einen daran, dass es keine dominierende Volksgruppe gibt: Sukuma, Nyamwezi und Makonde, die drei größten Ethnien, stellen jede für sich weniger als zehn Prozent der Bevölkerung. Die Volkszugehörigkeit ist von großer Bedeutung: Sprache, Kultur, Zeremonien und Riten werden bewusst gepflegt. Dennoch fühlen sich Tansanier, anders als in anderen afrikanischen Ländern, vor allem als Staatsbürger: einer der positiven Effekte von Nyereres Ujamaa-Politik. Denn nachdem Mitglieder verschiedenster Ethnien zwangsweise in den Gemeinschaftsdörfern landeten und dort mit ihren Problemen klarkommen mussten, entstand ein Zusammengehörigkeitsgefühl, das es vorher nicht gegeben hatte.

## WIEGE DER MENSCHHEIT

Für Paläontologen ist die Sache klar: Wir sind alle Afrikaner. Vermutlich trennte sich der Entwicklungspfad von Affen und Menschen vor vier bis sechs Mio. Jahren im Great Rift Valley, das sich durch Tansania, Kenia und Äthiopien zieht. Belege dafür fand das Forscherpaar Richard und Mary Leakey in der tansanischen Olduvai-Schlucht. Aus den dort entdeckten Knochenresten lässt sich ablesen, dass der jüngste Vorfahre des heutigen Menschen, der Homo erectus, mindestens 1 Mio. Jahre neben anderen Hominiden in Afrika lebte, bevor sich aus ihm vor ca. 500 000 Jahren der Homo sapiens entwickelte. Vom Rift Valley aus breitete sich der „denkende Mensch" in die unwirtlichen Gegenden im Norden (Europa) und den Rest der Welt aus.

# VIELSTIMMIG UND FRÖHLICH

Auf den Straßen, in den Moscheen und den Berg hinauf: Die Tansanier feiern gerne und häufig

> Zu feiern gibt es in Tansania immer irgendetwas, und alle machen mit. Vor allem für die Armen sind Festivals und Events ein willkommener Anlass, den Alltag zu vergessen.

## GESETZLICHE FEIERTAGE

**1. Jan.** Neujahr; **6. Jan.** *Mapinduzi Day,* Jahrestag der Revolution auf Sansibar; **März/April** Karfreitag, Ostermontag; **26. April** *Union Day,* Gründung Tansanias aus Tanganyika und Sansibar; **7. April** Todestag des ersten sansibarischen Präsidenten Scheich Karume; **1. Mai** Tag der Arbeit; **7. Juli** *Saba Saba:* Tag der Kleinbauern; Gründung der ersten Partei Tansanias; **8. Aug.** *Nane Nane:* Tag der Bauern; **14. Okt.** Todestag von Julius Nyerere; **9. Dez.** Unabhängigkeitstag; **25./26. Dez.** Weihnachten

Die muslimischen Feste *Idd al Fitr* (Ende der Fastenzeit Ramadan) und *Idd al Hadsch* (Opferungsfest), die sich nach dem Mondkalender richten und deshalb zu wechselnden Daten stattfinden, sind ebenfalls Feiertage.

## FESTE UND VERANSTALTUNGEN

**Februar**

*Sauti za Busara.* Der Puls Sansibars: dreitägiges Musikfest rund um die Kultur der Suaheli, bei dem jährlich Sänger und Bands aus Tansania und den Nachbarländern auftreten. Die Musikrichtungen reichen von Rap und Reggae über Jazz und Gospel bis zu Taarab. Ein weit über seine Grenzen hinaus bekanntes Festival. *www.busaramusic.org*

Insider Tipp

**Februar/März**

*Idd al-Moulid:* Geburtstag des Propheten Mohammed. Vor allem auf den Inseln wird der Tag mit Prozessionen und Tänzen rund um die Moscheen gefeiert.

**März**

*Kilimandscharo-Marathon:* Start und Ziel des internationalen Wettbewerbs ist Moshi. Der Lauf geht den Berghang hinauf. Wer kein Supersportler ist, kann sich schon nach 5 km „Fun Run" ausklinken. *www.kilimanjaromarathon.com*

***Aktuelle Events weltweit auf www.marcopolo.de/events***

# > EVENTS FESTE & MEHR

**Mai**

*Music Crossroads Southern Africa:* Die jungen Musiktalente Ost- und Südafrikas stellen sich vor. Das veranstaltende Land und der Zeitpunkt wechseln. *www.jmi.net/activities/crossroads*

*Makutano Arts Fair:* Ausstellung von Kunst und Kunsthandwerk in den Straßen von Daressalaam. Zweiter Termin im Dezember. *www.makutanotz.com*

**Juli**

*Festival of the Dhow Countries* auf Sansibar: ein bunter Karneval der Kulturen rund um den Indischen Ozean, mit Tänzen und anderen Aufführungen aus den Ländern zwischen Afrika, Arabien und Indien. Herzstück des Festivals ist das 16-tägige Filmfest. *www.ziff.or.tz*

sider ipp

**September**

*Tanzacat Regatta:* Zehn Tage lang sind Katamaransegler auf zehn olympischen Kursen unterwegs, unterbrochen von einem Trip zwischen der Msasani-Halbinsel und Sansibar. *www.tanzacat.org*

Insider Tipp

*Bagamoyo Arts Festival:* traditionsreiches Kunstfestival in Bagamoyo. Eine Woche mit traditioneller Musik, Tänzern, Akrobaten, Lesungen und vielem mehr, u. a. auch aufgeführt von Studenten der örtlichen Kunsthochschule. Das genaue Datum wechselt. *www.bagamoyo.com*

**Oktober/November**

*Diwali:* Beim Lichtfest der großen Hindu-Gemeinde erstrahlt ganz Dar im Licht von Lampen und Feuerwerk.

**November**

Insider Tipp

*East African Safari Classic Rallye:* einst eine der bedeutendsten Rallyes der Welt, heute ein riesiges Spektakel. In Oldtimern brettern die Piloten von Mombasa aus in zehn Tagen 5000 km durch die Wildnis Kenias und Tansanias. Entlang der Strecke gibt es mehrere Tribünen. *www.eastafricansafarirally.com*

**Dezember**

*Makutano Arts Fair:* Weihnachtsausgabe der Ausstellung im Mai

# > FRISCH AUF DEN TISCH

## Ob Fisch, Gemüse, Obst oder Fleisch: Dose oder Tiefkühlfach sind in Tansania unbekannt

**> Eben noch im Meer, jetzt auf Ihrem Teller: Vor allem an der Küste ist die Frische der Gerichte schier unglaublich. In einigen kleineren Hotels müssen Sie deshalb schon am Mittag bestellen, was der Fischer für Sie bis zum Abend angeln soll.** Die Vielfalt an frisch gefangenem Fisch und Meeresfrüchten macht das Essen an der Küste zu einem einzigen Genuss. Fisch wird meist als Ganzes gegrillt oder in einer gewürzten Sauce gekocht. Hummer ist eine Spezialität, die auf Sansibar besonders erschwinglich ist und die man unbedingt probieren sollte, am besten einfach gekocht oder gegrillt. Auch die riesig großen Krebse und Krabben sind sehr wohlschmeckend.

Wer lieber Fleisch als Fisch isst, befindet sich in Tansania in guter Gesellschaft. Nicht umsonst ist *nyama choma* (gegrilltes Fleisch) das Nationalgericht im Binnenland. Traditionell wird dafür ein vom Kunden aus-

Bild: Fischmarkt auf Sansibar

# ESSEN & TRINKEN

gesuchtes Stück Ziege oder Schaf auf Holzkohle gegrillt und am Tisch in Stücke geschnitten, dazu gibt es Salz und *ugali* (Maisbrei). Ebenso zubereitet wird frisch geschlachtetes Rind angeboten, Schwein gibt es hingegen nur selten und ist sehr teuer. Das Rindfleisch aber ist günstig und zudem von erstklassiger Qualität: Alle Tiere stammen aus Freilandhaltung. Tansanier schwören auf durchwachsenes Fleisch mit ordentlicher Fettkante, doch es hat sich herumgesprochen, dass Urlauber meist magere Stücke bevorzugen. Aus hygienischen Gründen sollten Sie Ihr Steak mindestens *medium* bestellen, zumal „blutig" (Englisch: *rare*) in Tansania durchaus wörtlich genommen wird.

Vegetarier können sich auf die indische Küche freuen, die praktisch überall angeboten wird. Zu den beliebtesten Gerichten gehören *dal* (Linseneintopf), *massalas* (Currys) mit Gemüse oder Huhn und der auf vielfältige Weise zubereitete *paneer*, ein fester Kochkäse. Dazu werden Reis, *nan* oder *roti* (verschiedene Fladenbrote) serviert.

Den Tag beginnen die Tansanier im Binnenland zünftig: Eier, *baked beans*, Würstchen und ausgebratener Speck, dazu elastisches Toastbrot, das mit Butter oder *blue band* (spezielle Margarine, die erst bei hohen Temperaturen schmilzt) bestrichen wird. Gutes Vollkornbrot ist selten. An der Küste besteht das Frühstück meist aus *chai* (Tee) mit *mandazi* (Krapfen) oder *chapati* (Teigfladen). Auf Sansibar gibt es den starken arabischen Kaffee, oft mit einer Prise

## > SPEZIALITÄTEN

### Genießen Sie die typisch tansanische Küche!

*Chai* – Tansanische Teevariante. Die Blätter werden in Milch statt in Wasser gekocht, dazu gibt es viel, viel Zucker

*Chapati* – Teigfladen aus Mehl und Wasser, der am Morgen noch warm zu einer Tasse *chai* genossen wird

*Chipsi Mayai* – Beliebtes Fastfood, ähnlich der spanischen Tortilla. In dieser Variante allerdings mit Pommes frites

*Custard Apple* – Das saftige, weiße Fleisch der auf Sansibar angebauten Frucht schmeckt wie der britische Pudding gleichen Namens

*Dagaa* – Sardinenartiger Fisch aus dem Viktoriasee, der gebraten oder frittiert als Ganzes gegessen wird

*Kachumbari* – Wenn Tansanier „scharf" sagen, dann meinen sie auch scharf – vor allem bei dieser Sauce, die zu Fleisch oder Fisch gereicht wird

*Mandazi* – In Fett gebackener, dreieckiger Krapfen, der statt *chapati* zum Frühstück serviert wird

*Mango* – Von Dezember bis März ist Erntezeit auf Sansibar. Dann gibt es die süßen Früchte frisch vom Baum. Besonders wohlschmeckend sind die kleinen, runderen *apple mangoes*

*Mchuzi* – Aus Zwiebeln, Tomaten und anderen Gemüsen gekochte Sauce, die traditionell zu *ugali* serviert wird

*Pilau* – Ein mit Zimt, Kardamom und Fleischstückchen zubereiteter Reiseintopf

*Samosas/Sambusas* – Mit Fleisch, Fisch oder Gemüse gefüllte und frittierte Teigtaschen. Ein toller Snack für zwischendurch

*Suaheli-Reis* – In Kokosmilch gekochter Reis, mit Koriander und anderen Gewürzen abgeschmeckt. Wird an der Küste zu allen Fischgerichten gereicht (Foto)

*Ugali* – Fester, geschmacksneutraler Brei aus weißem Mais, der Saucen wunderbar aufnimmt und satt macht – für viele Tansanier das tägliche Brot

## ESS[redacted]

Kardamom gewürzt, der a[redacted] nem langen, vogelartigen[redacted] versehenen Kannen au[redacted] wird. Ansonsten ist (von [redacted] Arusha abgesehen) guter [redacted] Land selten: Es dominiert [redacted] fee, der dünn aufgegossen [redacted]

Als Snack gibt es nicht[redacted] als die tansanischen Frücht[redacted] sationell schmecken – kein Vergleich zur deutschen Supermarktware, die im Schiff oder Flugzeug Tausende Kilometer nach Europa zurückgelegt hat. Außer den kleinen, süßen Bananen gibt es Mangos, mehrere Sorten Papaya (mit einem Spritzer Zitronensaft essen) und Passionsfrucht, die man auslöffelt – die Kerne werden mitgegessen. Ananas sind größer als die in Deutschland erhältlichen und haben eine erfrischende, säuerliche Note. Die grünen Orangen isst man nicht in Stücken, sondern beißt in ein Achtel und saugt den Saft aus.

Einmal zumindest sollten Sie traditionell tansanisch essen. Im Mittelpunkt eines solchen Mahls steht die Sättigungsbeilage, entweder *ugali* oder Reis. Je nach Geldbeutel gibt es dazu einen Eintopf aus Fisch, Huhn, Ziege oder Schaf oder schlicht Bohnen. *Mishkaki* sind Fleischspießchen, die am Straßenrand auf Holzkohle gegrillt werden. Auch Kochbananen und Maiskolben werden auf diese Weise zubereitet.

Wenn die Sonne untergeht, ist das in Tansania Anlass für einen *sundowner* (einen Dämmerschoppen), etwa ein lokales Bier: Safari und Kilimanjaro oder das kenianische Tusker werden in Halbliterflaschen serviert. Auch Guinness und das südafrikanische Pilsner werden praktisch

[redacted]

Aufgetischt: eine Schale mit Suaheli-Reis

und ist sehr teuer. Wasser sollten Sie nur aus Flaschen, nie aus der Leitung trinken. Ein Drink der besonderen Art: Mit einer Machete wird die Spitze einer grünen Kokosnuss gekappt, damit man die durchsichtige und sehr erfrischende Kokosmilch (Insider Tipp) trinken kann. Danach schabt der Verkäufer für Sie mit einem Stück Schale das junge Kokosfleisch auf der Innenseite ab, das Sie zum Schluss Stück für Stück verzehren.

# ES DARF GEFEILSCHT WERDEN

## Kaffee, Kangas und Quadratbilder: Mitbringsel aus Tansania sind vielfältig wie das Land

> Souvenirs gehören zum Urlaub – dafür sorgen schon die Verkäufer, die überall dort zu finden sind, wo es Touristen gibt. Dabei gilt: Feilschen Sie um jeden Preis! Vor allem auf der Straße (auf Sansibar auch in den Läden) ist das üblich. Natürlich erzählen Ihnen Händler stets, dass Sie einen Spezialpreis bekommen, der *cheap, cheap* (billig) ist. In Wirklichkeit aber ist das Startangebot oft um ein Vielfaches höher als die Summe, auf die Sie sich zum Schluss einigen können. Nennen Sie als Antwort einen viel zu niedrigen Preis, und langsam werden Sie sich aufeinander zubewegen. Haben Sie einem Preis einmal zugestimmt, ist der Handel abgeschlossen – nachverhandeln geht nicht.

### KLEIDUNG

*Kangas* – farbenfrohe Gewänder aus dünner Baumwolle, die Standardkleidung an der Küste – sind ein Stück gewebter Poesie. So werden Neugeborene in Kangas gewickelt, auf denen *titi la mama ni tamu* steht: Mamas Milch ist die beste. Freundinnen tragen den Kanga, der traditionell in zwei identischen Teilen verkauft wird, als Beweis ihrer Freundschaft. Wer sich einen Kanga zulegen will (Kosten: zwei bis drei Euro), sollte sich unbedingt zeigen lassen, wie er gebunden wird – angeblich gibt es mehr als 100 Arten. Auch die von Männern getragenen, größeren *Kitenge* aus dickem Stoff (gut als Strandunterlage) sind überall an der Küste zu bekommen. Qualitativ hochwertige T-Shirts mit tansanischen Aufdrucken bekommen Sie bei *Oneway* in Läden in Dar, Arusha und auf Sansibar.

### KULINARISCHES

Geschmackvolle Souvenirs sind Cashewnüsse oder tansanischer Kaffee, der vor allem in den Anbaugebieten im Hochland verkauft wird. Ein gutes Mitbringsel sind auch exotische Gewürze, die Sie am besten dort kaufen, wo es die Einheimischen tun: auf den Märkten. Riechen und probieren Sie ruhig, um die Frische sicherzustellen. So machen es die Tansanier auch.

# > EINKAUFEN

## KUNSTHANDWERK

Holzschnitzereien gibt es in jeder Größe und Form. Die Stücke aus schwarzem Holz leiten sich aus der Tradition der Makonde her, die im Südosten Tansanias leben. Von dort kommt heute noch echte Makonde-Kunst aus afrikanischem Ebenholz *(mpingo)*, die mehrere Tausend Euro kosten kann. Die als Souvenir erhältlichen Stücke kosten hingegen einen Bruchteil. Schatullen und andere Schnitzereien aus Speckstein *(soap stone)*, die sehr günstig und hübsch anzusehen sind, kommen aus Kenia. Masken sind oft Kopien aus dem Kongo oder Uganda. Farbenfrohes Flechtwerk aus Perlen gibt es von den Massai als Schlüsselanhänger, Ketten und Ähnliches.

## SPIELZEUG

Ein Souvenir, mit dem auch die Einheimischen spielen, ist das Bao-Spiel. Auf Sansibar werden mit dem aufklappbaren Brett (Samenkörner dienen als Spielsteine) richtige Meisterschaften durchgeführt. Zu kaufen gibt es das Spiel überall in Sansibar-Stadt. Vergessen Sie nicht die Regeln einzufordern – oder Sie lesen im Internet nach unter *http://www.bleyenberg.de/afrikanische_spiele/index.html*

## TINGATINGA

Überall im Land bekommt man die mit Fahrradlacken gemalten Tierbilder in der Tradition von Eduardo Tingatinga. Der 1936 geborene Künstler hatte sich eigentlich nur ein paar Schillinge verdienen wollen, als er in den 1960ern begann, für Touristen Bilder zu malen. Deren Erfolg machte ihn über die Grenzen Tansanias hinaus bekannt. Nach dem Tod Tingatingas 1972 entwickelten Schüler und Verwandte den Stil fort. Weil die Originalbilder auf 60 $cm^2$ großen Flächen entstanden sind, heißt das Genre auch *Quadratkunst*. Gute Adressen für Tingatinga-Malerei sind in Dar die *Künstlerkooperative* und der *Msasani Slipway Weekend Craft Market (Sa/So | Halbinsel Msansani)* sowie die Straßenverkäufer entlang der Hurumzi Rd. in Sansibars Stone Town.

# > WO DIE WILDEN TIERE WOHNEN

## Weite Savannen und brüllende Löwen: Eine Safari in den nördlichen Parks ist die Krönung eines Tansania-Urlaubs

**> Der Norden von Tansania präsentiert das wohl berühmteste Naturschauspiel der Welt. In einem immer wiederkehrenden Zyklus durchwandern Hunderttausende von Tieren die Savanne, getrieben von einem urzeitlichen Überlebensdrang.** Schauplatz dieses Spektakels ist die Serengeti, jener riesige Nationalpark, der sich bis nach Süd-Kenia erstreckt. Die Serengeti übertrumpft in ihrer Bekanntheit wohl alle anderen Nationalparks im Norden Tansanias – ist aber nicht der einzige Höhepunkt auf einer Tour auf dem sogenannten Northern Circuit, der Rundtour durch die Parks im Norden.

In einem Atemzug mit der Serengeti wird meist der Ngorongoro-Krater genannt. Er liegt im gleichnamigen Schutzgebiet südöstlich des Nationalparks und ist berühmt für seinen Artenreichtum. Rund 30 000 Tiere – darunter die *Big Five* – leben in diesem gigantischen Amphitheater der Natur.

Bild: Nashorn im Ngorongoro-Krater

# NATIONALPARKS

Während große Namen wie Serengeti und Ngorongoro die Massen anlocken, bleibt für Touren zu den weniger bekannten Orten des Nordens oft kaum Zeit – was schade ist. Sehenswert ist z. B. der Lake Natron, an dessen Ufern Scharen von Flamingos leben. Oder die Olduvai-Schlucht nordwestlich von Ngorongoro: Sie ist eine der bekanntesten archäologischen Fundstätten des afrikanischen Kontinents. Ein Erlebnis ist der Nationalpark von Tarangire – wegen seiner massigen Affenbrotbäume (Baobabs) und der großen Elefantenherden auch „Land der Riesen" genannt.

Spektakulär ist ein Besuch des Great Rift Valley, des Großen Afrikanischen Grabenbruchs: Diese geologische Bruchzone hat (nicht nur) die afrikanische Erdoberfläche großflächig geformt. Seit 30 Mio. Jahren bewegen sich durch den Grabenbruch zwei Landmassen auf einer Strecke

Ach, wie schön ist ein Nickerchen unter Akazien: schlafende Baumlöwen am Lake Manyara

len Hochplateau der Serengeti hinunter in die bis zu 1500 m tiefer gelegene Schlucht des Manyarasees raubt einem schlicht den Atem.

Eine Tour durch die Nationalparks des Nordens organisieren Sie innerhalb von Tansania am besten von Arusha aus. Denken Sie bei der Planung auch an warme Kleidung: Der gesamte Northern Circuit liegt 1000 m über dem Meer – abends oder bei morgendlichen Jeepfahrten ist es hier oft überraschend frisch.

> www.marcopolo.de/tansania

engstem Raum (der Park ist gerade mal 330 $km^2$ groß) drängt sich hier eine erstaunliche Vielfalt an Ökosystemen und Tierarten. Der Lake Manyara liegt günstig und wird deshalb häufig besucht: Er befindet sich zwischen Arusha und dem Ngorongoro-Krater. Viele Safariveranstalter machen hier einen Zwischenstopp.

Zwei Drittel des Parks nimmt der See ein – für Vogelkundler ist das Areal ein Paradies: 380 verschiedene Arten hat man hier gezählt, darunter

Reiher, Pelikane, Ibisse, Nilgänse und Störche. Am südlichen Ende des Parks, wo sich mehrere heiße Quellen befinden, landen immer wieder Flamingoschwärme.

Bekannt gemacht haben den Park aber seine Baumlöwen. Die Großkatzen klettern wie Leoparden auf die Akazien, um dort in luftiger Höhe zu schlafen – ein völlig atypisches Verhalten, die Gründe dafür sind bis heute nicht geklärt. Biologen vermuten, dass die Löwen sich auf den Bäumen vor Tsetsefliegen in Sicherheit bringen.

Im Park lebt auch eine große Elefantenpopulation: Die dichte Vegetation am Lake Manyara ist für sie ein Festessen. Im Gegensatz zu den Baumlöwen, die in den vergangenen Jahren seltener gesichtet werden, ist die Zahl der Elefanten stabil. Beim *game drive* – der Safarifahrt im Geländewagen – werden Sie mit Sicherheit welche entdecken. *Eintritt pro Tag 40 US$ | Auto 40 US$*

## ÜBERNACHTEN

### MANYARA SERENA LODGE

In die Natur eingepasste Chalets oberhalb des Sees am Rand des Grabenbruchs, dazwischen schlängelt sich ein Flüsschen. Phantastischer Blick auf den See und den ostafrikanischen Teil des Grabenbruchs. Für Abenteuerlustige werden u. a. Abseilen und Mountainbiking angeboten. *54 Zi. | Tel. 027/253 91 60 | www.serenahotels.com* | €€€

### MIGUNGA FOREST TENTED CAMP

Rustikale Lodge mit gemütlichem Flair, gut 2 km vom Dorf Mto wa Mbu entfernt. In der Regenzeit grenzt das Camp an den See, in der Trockenzeit ist das Ufer mehrere Kilometer weit weg. Oft ziehen Antilopen oder Büffel durchs Camp. *12 Zi. | Tel. 027/255 32 43, mobil 0744/ 32 41 93 | www.moivaro.com* | €

# LAKE NATRON

[118 A–B 1] **Im äußersten Norden, nahe der kenianischen Grenze, glitzert in der Sonne der Natronsee. Das stark alkalische Gewässer ist bekannt wegen der großen Scharen an Flamingos, die an seinen Ufern nisten.** Der flache See selbst ist starken Schwankungen unterworfen. Während und nach der Regenzeit wächst er auf über 1000 km² an, trocknet aber in regenarmen Monaten bis auf wenige Quadratkilometer

## MARCO POLO HIGHLIGHTS

★ **Ngorongoro Conservation Area**
Beeindruckende Tiervielfalt: Im riesigen Krater leben Jäger und ihre Beute auf engstem Raum (Seite 37)

★ **Serengeti National Park**
Wo Löwen jagen und Gnus wandern, erstreckt sich die weite und wilde Welt der berühmten Savanne (Seite 40)

★ **Ballonsafari**
Hoch über der Serengeti: Wie groß dieses Land wirklich ist, sehen Sie erst von oben (Seite 44)

★ **Tarangire National Park**
Unvergessliche Safari zwischen Riesen-Baobabs und Elefantenherden (Seite 45)

aus. Zurück bleiben dicke Salzkrusten. Durch Algen verfärbt sich das verbliebene Wasser zwischen diesen Sodaschichten purpurrot – ein faszinierendes Naturschauspiel.

Die ausgedörrte und sonnenverbrannte Landschaft rund um den See gehört zu den weltweit größten Brutstätten für Zwergflamingos, die ihren Nachwuchs hier ohne Angst vor Fressfeinden aufziehen können. Bis zu 2,5 Mio. der rosaroten Tiere bevölkern den Lake Natron zur Hauptsaison!

Insider Tipp Wer die Tiere beobachten will: Von der kleinen Ortschaft *Ngare Sero* aus sind es etwa 5 km bis zu einem Parkplatz, von dem mehrere Wanderwege zum Seeufer und zu heißen Quellen führen. Örtliche Fahrer kennen zudem viele Geheimwege und wissen auch, wo der sichere Boden der brüchigen Seeoberfläche weicht. Fragen Sie in Ngare Sero oder im Lake Natron Camp nach geeigneten Führern. Die Preise sind Verhandlungssache. Eintrittsgelder oder ähnliche Gebühren gibt es am Lake Natron nicht.

## SEHENSWERTES

### NGARE SERO WASSERFALL

Insi Tip

Versteckt in einer Schlucht, gut eine Stunde Fußmarsch vom in Ngare Sero ausgeschilderten Campingplatz entfernt, schießt ein Fluss in einem schillernden Wasserfall vom kenianischen Nguruman-Plateau herab. Am Fuß des Wasserfalls befindet sich ein kleiner Pool, in dem Sie schwimmen können. Der Weg zum Wasserfall geht über Stock und Stein, die Wanderung ist nur mit einem einheimischen Führer (über Lake Natron Camp), viel Trinkwasser und angemessener Kondition zu empfehlen.

### OL DOINYO LENGAI

Insi Ti

Von allen Vulkanen entlang des Großen Afrikanischen Grabenbruchs im Kraterhochland ist der Ol Doinyo Lengai (2878 m) der einzige noch aktive. Den Massai gilt der imposant aufragende Berg als heilig – in ihrer Sprache bedeutet sein Name „Berg der Götter“. Bricht der Ol Doinyo Lengai aus, symbolisiert das für die Massai den Zorn der Götter. Tatsächlich dampft der Vulkan immer noch,

Flamingo Road: Hunderttausende der rosaroten Vögel bevölkern den salzigen Lake Natron

letzte heftige Eruptionen gab es im Jahr 2008. Wer die besondere Herausforderung sucht, bucht sich einen Führer und erklimmt den Gottesberg (s. Kapitel „Sport & Aktivitäten“).

## ÜBERNACHTEN

### LAKE NATRON CAMP

Luxuszelte mit eigenem Bad in einer spektakulären Umgebung am Fluss von Ngare Sero, ein paar Kilometer vom südlichen Seeufer entfernt. Außer einem erfrischenden Pool und der Aussicht auf die umliegenden Vulkane bietet das Camp viele Ausflugsmöglichkeiten zum See und um ihn herum, auch mehrtägig. Die holländischen Besitzer haben sich zudem so gut wie niemand sonst auf die Besteigung des Ol Doinyo Lengai spezialisiert. *9 Zelte | Tel. 027/250 63 15 | www.moivaro.com* | €€€

# MWANZA

**[117 D2] Tansanias zweitgrößte Stadt liegt nicht weit vom westlichen Ende der Serengeti entfernt und ist das Tor zu Afrikas größtem Binnenmeer, dem Viktoriasee.**

Im Herzen ist Mwanza (500 000 Ew.) eine Industrie- und Handelsstadt. Im größten Binnenhafen Tansanias wird verschifft, was rund um den Viktoriasee gefangen und angebaut wird. In den Fabriken werden Nilbarsche filetiert und nach Europa geflogen. Neben der Fischindustrie lebt die Stadt von der Baumwoll- und Textilproduktion sowie von der Seifenherstellung.

Im Stadtzentrum haben die Wirtschaftsbeziehungen bis nach Indien ihre Spuren hinterlassen: Hier stehen zahlreiche Moscheen und Hindutempel. Vor allem die Region um die Temple Street lohnt den Besuch.

## SEHENSWERTES

### BISMARCK ROCK

Mwanzas Wahrzeichen ist ein gewaltiger Granitblock, der mitten im Hafenbecken nahe dem Kamanga-Fährterminal aufrecht auf einer Gruppe von Felsen steht. Nach Fürst Otto von Bismarck benannt wurde der Fels zu deutschen Kolonialzeiten – angeblich, weil er genauso unerschütterlich war wie der Kanzler des Deutschen Reichs. Im Licht des Sonnenuntergangs ein besonders schöner Anblick, vor allem (kombiniert mit einem Sundowner) im nahen Rock Beach Garden Hotel. *Post Street*

### BUJORA SUKUMA MUSEUM

In diesem Museumsdorf werden Architektur, Kultur und der Alltag der Sukuma, Tansanias größter Bevölkerungsgruppe, vorgestellt. Am Wochenende finden hier Schlangentänze statt. *Mo–Sa 8–18, So 13–18 Uhr | Eintritt 5000 TSh | 20 km vom Stadtzentrum entfernt an der Hauptstraße nach Musoma*

**KIRUMBA-HAFEN**

Nordöstlich des Zentrums liegt der Hafen von Kirumba, wo Fischer bei Sonnenaufgang mit ihren traditionellen *dhows* (Segelbooten) aufbrechen und ab Mittag zurückkehren, um ihren Fang zu verkaufen. Auch die Werft von Mwanza befindet sich hier, deshalb liegen immer Dutzende der malerischen Fischerboote an Land. *Makongoro Road*

## ESSEN & TRINKEN

Insider Tipp

**SZECHWAN MAHAL**

So gute indische und chinesische Gerichte gibt es in Tansania kaum ein zweites Mal. Die große Auswahl ist eine willkommene Abwechslung zu der Safariküche in den Parks. *Tgl. | Kenyatta Street* | €

## ÜBERNACHTEN

**TILAPIA HOTEL**

Übernachten mit Blick auf den Viktoriasee, 1 km außerhalb des Zentrums. Die Zimmer sind gemütlich eingerichtet – wer will, kann auch auf dem Hausboot übernachten. Die vier angeschlossenen Restaurants gehören zu den besten der Stadt. *40 Zi. | Capri Point/Station Road | Tel. 028/250 05 17 | www.hoteltilapia.com* | €

**WAG HILL LODGE**

Die romantische Edellodge liegt in einem Waldstück am Westufer des Golfs von Mwanza. Die drei Chalets haben Wald- und Seeblick, am Abend sieht man am Lagerfeuer auf die Lichter der Stadt hinab. Zu erreichen ist die Lodge nur per Boot von Mwanzas Yachtclub aus. *3 Zi. | Tel. 028/250 24 45, mobil 0754/77 70 86 | www.waghill.com* | €€€

## AM ABEND

**HOTEL LA KAIRO ▶▶**

In der Hoteldisko tanzen am Wochenende die Einheimischen zu Bongo Flava und kongolesischem Lingala bis in die frühen Morgenstunden. Unbedingt ein Taxi nehmen, von der Stadt ca. 2000 Schillinge. *Makongoro Road | Kirumba*

## ZIEL IN DER UMGEBUNG

**RUBONDO ISLAND** [117 C2]

Insider Tipp

Die Insel, die gut 200 km westlich von Mwanza im Viktoriasee liegt, ist einer der am wenigsten besuchten Nationalparks Tansanias. Dabei ist das Eiland ein Traumziel für Vogel- und Schmetterlingsliebhaber, Wanderer und Sportfischer – und jeden, der ein Abenteuer abseits der großen Touristenrouten sucht. Rubondo selbst ist vor allem von dichtem Tropenwald bedeckt, dazwischen erstrecken sich Sumpf und Savanne.

In den 1970ern war Rubondo Schauplatz eines zoologischen Experiments: Auf Initiative von Bernhard Grzimek wurden diverse Tierarten ausgesetzt, unter ihnen Nashörner und Elefanten. Umstritten war die Aussiedlung von 17 Zoo- und Zirkusschimpansen. Zwei Schimpansen mussten wegen Aggressivität gegenüber Menschen später erschossen werden, die Nachkommen der anderen aber haben überlebt und können heute mit einem Ranger im nördlichen Teil der Insel gesucht werden.

Ein Charterflug für vier Personen ab Mwanza kostet rund 500 Dollar. Am meisten lohnt sich ein Besuch in der Trockenzeit (Januar und Februar oder Juni bis September). *Eintritt pro Tag 25 US$*

Das einzige Camp auf der Insel besteht aus luxuriösen *bandas* (Häuser im landestypischen Stil) in traumhafter Lage: Im Hintergrund ragen die Wipfel des Waldes auf, vor der Veranda erstreckt sich ein weißer, palmenbestandener Strand, an dem am frühen Morgen Wasservögel rasten. Es werden Exkursionen auf und um die Insel angeboten. *Rubondo Island Camp | 10 Zi. | Tel. 027/ 250 87 90, mobil 0754/57 41 12 | www.africanconservancycompany.com /rubondo.htm* | €€€

Elefantenbulle im Ngorongoro-Gebiet

## NGORONGORO CONSERVATION AREA

[117 F2–3] ★ **Nirgendwo sonst in Afrika leben so viele Tiere auf so engem Raum wie im Krater des erloschenen Ngorongoro-Vulkans, dem größten der Riesenkrater am östlichen Rand der Serengeti.** Das Wort Riesenkrater ist wörtlich zu nehmen: Ganz Berlin hätte darin Platz. Wenn man beim Sonnenuntergang am Kraterrand hinunterschaut in den blutrot eingefärbten Kessel, sehen ganze Tierherden nicht größer aus als eine Gruppe von Ameisen.

Der 600 m tiefe Krater ist Teil eines weitaus größeren Schutzgebiets: Die gesamte *Ngorongoro Conservation Area* umfasst eine Zone von 8300 km$^2$ (der berühmte Krater selbst misst 300 km$^2$). Ngorongoro ist ein einzigartiger Zusammenschluss verschiedener Ökosysteme. Wüstenartige Savannen treffen hier auf immergrüne Bergwälder, es gibt nährstoffarme Heidelandschaften und fruchtbare, mit Seen und Sümpfen gespickte Kraterböden. Und es gibt archäologische Fundorte wie die Olduvai-Schlucht, die darauf verweisen, dass dieser Landstrich über Jahrmillionen von unseren Vorfahren besiedelt wurde.

Das Ngorongoro-Schutzgebiet ist von Arusha aus in drei bis vier Stunden über eine der besten Straßen des Landes zu erreichen. Die autobahnähnliche Schnellstraße führt bis zum Parkeingang. Der Besuch des Kraters ist meist Bestandteil einer gebuchten Serengeti-Safari. Wenn Sie über Nacht bleiben, sollten Sie in einer der Lodges am Kraterrand übernachten und ein Zimmer mit Blick in den Krater verlangen – der Ausblick bei Sonnenaufgang ist sensationell!

*Eintritt pro Tag 50 US$ | Auto 40 US$, plus eine Gebühr von 200 US$ pro Wagen und 6 Std.*

## SEHENSWERTES

### NGORONGORO-KRATER

Wer den Boden des Kraters erreicht, begreift, warum Ngorongoro auch als „Achtes Weltwunder" oder „Arche Noah" bezeichnet wird: Hier unten leben 25 000 bis 30 000 Tiere in einem einzigartigen Refugium. Der Krater birgt eine ungeheure Artenvielfalt, geschützt vor der Außenwelt von der steil aufragenden Kraterwand.

Ngorongoro wurde vor 2,5 Mio. Jahren bei einem gewaltigen Vulkanausbruch gebildet und misst im Durchmesser rund 20 km. Im Inneren befindet sich der *Lake Magadi*, auf dem sich in der Trockenzeit Flamingos und zahlreiche andere Vogelarten sammeln. Im *Lerai Forest* leben Wasserböcke und Elefanten. Die größte Attraktion des Kraters sind jedoch die Raubkatzen: Löwen und Geparden gibt es hier unten wahrhaft in Massen, ebenso wie Hyänen und Schakale. Selbst die fast ausgestorbenen Nashörner, manchmal in Gruppen von mehreren, sind im Krater mit etwas Glück zu sehen.

Um dieses Naturwunder zu sehen, unternehmen jedes Jahr Hunderttausende eine Kratersafari. Es lohnt sich deshalb, früh aufzustehen. Am besten, Sie überreden Ihren Fahrer und Ihre Mitreisenden, bereits um 6 Uhr loszufahren. (Insider Tipp) Dann erleben Sie die Zeit kurz nach Sonnenaufgang, haben besseres Licht zum Fotografieren, können rechtzeitig vor der Mittagshitze wieder oben sein – und haben den Krater (fast) ganz für sich. Achtung: Wenn Sie nicht individuell mit dem eigenen Auto unterwegs sind, müssen Sie die Safari bereits vor der Anreise bei Ihrem Veranstalter buchen.

### OLDUVAI-SCHLUCHT

Hier also hat der Mensch den aufrechten Gang gelernt: In der Schlucht zwischen Ngorongoro und Serengeti stießen Archäologen im 20. Jh. auf hominide (menschenartige) Fossilien, die über 3 Mio. Jahre alt sind. Der berühmteste Fund ist der 1,8 Mio. Jahre alte, affenähnliche Schädel des *Australopithecus boisei,* wegen seines massiven Unterkiefers auch kurz der *Nussknackermensch* genannt. Die Paläontologin Mary Leakey entdeckte den Schädel 1959. 1978 gelang der Forscherin eine weitere Sensation: Sie fand 3,7 Mio. Jahre alte Fußabdrücke von Hominiden, die offensichtlich aufrecht über frische Vulkanasche gelaufen waren. Die Abdrücke härteten in der Sonne aus, wurden von nachfolgendem Ascheregen überdeckt und blieben so bis heute erhalten.

Die Ausgrabungen dokumentiert ein exzellentes *Museum* (Insider Tipp) *(tgl. 8–14.30 Uhr | Eintritt 3000 TSh | Tel. 027/253 70 37).* Zu sehen sind dort allerdings nicht die Originalfunde, sondern Gipsimitate. Die 50 km lange Olduvai-Schlucht können Sie nur in Begleitung eines Museumsmitarbeiters besichtigen. Vom Aussichtspunkt neben dem Museum haben Sie einen guten Blick auf die von Forschern freigelegten Gesteinsschichten.

### OLMOTI- UND EMPAKAAI-KRATER

(Insider Tipp) Das Kraterhochland ist abgelegen und wird – mit Ausnahme des Ngorongoro – wenig besucht. Deshalb haben Sie die Krater Olmoti (3099 m) und Empakaai (3231 m) bei einem Ausflug fast ganz für sich. Der Empakaai ist die Heimat zahlreicher

Antilopen, Wasservögel und Affen, an klaren Tagen sieht man von seinem Kraterrand aus den Ol Doinyo Lengai. Beim Fußmarsch auf den üppig grünen Olmoti entdecken Sie am Kraterrand einen kleinen Wasserfall. Vor beiden Kratern befinden sich Rangerposten. Die Straße dorthin erreichen Sie von der Ngorongoro Sopa Lodge. Von den Rangerposten aus müssen Sie – in Begleitung eines bewaffneten Wildhüters – laufen. Oder Sie buchen die Tour von Arusha aus bei einem Safariveranstalter.

## ÜBERNACHTEN

### NDUTU SAFARI LODGE

Die romantischen Bungalows mit Seeblick liegen jenseits des Ngorongoro-Schutzgebiets im äußersten Südosten der Serengeti, sodass man Eintritt für den Nationalpark zahlen muss. Die Lodge ist umgeben von Akazienwäldern: Auf der Durchreise, egal in welche Richtung, ist sie ein wunderschönes Etappenziel. Zwischen Februar und April ziehen Tierherden durch. *32 Zi. | Tel. 027/250 67 02 | www.ndutu.com | €€*

### NGORONGORO SERENA LODGE

Architektonisch perfekt in den Kraterrand eingepasste Lodge aus Holz. Jedes Zimmer mit Balkon und Blick in den Krater. Die zahlreichen Aktivangebote, darunter Naturwanderungen, können auch Nichtgäste buchen. *75 Zi. | Tel. 027/250 81 75 | www.serenahotels.com | €€€*

### NGORONGORO SOPA LODGE

Lodge auf dem östlichen Kraterrand mit großzügigen Zimmern und eigener Zufahrtsstraße in den Krater. *96*

Ein junger Massai im Kraterhochland – dahinter erhebt sich der Ol Doinyo Lengai

*Zi.* | *Tel. 027/250 06 30* | *www.sopa lodges.com* | €€€

Insider Tipp **RHINO LODGE**
Jüngste und mit Abstand günstigste Lodge am östlichen Kraterrand mit 24 schlichten, modernen Zimmern. Nachteil: kein Kraterblick. *Tel. 0762/35 90 55, mobil 0732/92 58 85* | *rhino@ngorongoro.com* | €

## ZIEL IN DER UMGEBUNG

Insider Tipp **KAFFEEFARM AM NGORONGORO** [117 F3]
Die fruchtbaren Böden rund um den Riesenkrater sind bestes Kaffeeanbaugebiet. Im *Ngorongoro Farm House* können Sie in großzügigen Zimmern übernachten und von dort aus die Kaffeefelder besuchen. Vom Garten blickt man direkt auf den Ngorongoro, bis zum Kraterrand sind es von diesem Anwesen direkt an der Hauptstraße zwischen Lake Manyara und Ngorongoro etwa 30 Minuten. *29 Zi.* | *Tel. 0784/59 30 08* | *www.africanwilderness.com* | €€€

# SERENGETI NATIONAL PARK

[117 E–F 1–2] ★ **Die Serengeti ist der Inbegriff eines afrikanischen Nationalparks: Auf der Fläche Schleswig-Holsteins tummeln sich aktuellen Zählungen zufolge 1,5 Mio. Gnus, 350 000 Thompson-Gazellen und 200 000 Zebras.** Diese Masse ernährt zahlreiche Jagdtiere: 300 Löwen leben alleine auf dem *Seronera-Plateau,* dem gut besuchten Zentrum des Parks. Daneben gibt es viele Geparden und Hyänen. Die 1600 Elefanten gehen in der Weite fast un-

## > BERNHARD GRZIMEK

*Der Freund der wilden Tiere rettete die Serengeti*

Ohne ihn wäre die Serengeti wohl kein Nationalpark: Bernhard Grzimek, Verhaltensforscher und Direktor des Frankfurter Zoos, setzte sich mit Verve für die Serengeti ein. Seine oscarprämierte Dokumentation „Serengeti darf nicht sterben" machte die Steppe und ihre wandernden Herden weltberühmt und ermöglichte die Schutzzone der bedrohten Tierarten, den Nationalpark. Für Grzimek selbst endeten die Dreharbeiten tragisch: Sein Sohn Michael verunglückte bei einem Flugzeugabsturz tödlich. Er wurde am Rand des Ngorongoro-Kraters begraben; heute steht dort zum Gedenken eine Steinpyramide. Vater Bernhard setzte nach dem Tod des Sohnes die gemeinsame Arbeit für den Schutz der Serengeti fort. Grzimeks persönliche Freundschaft zu Tansanias Gründungspräsident Julius Nyerere trug maßgeblich dazu bei, dass die Parkgrenzen nach ökologischen Kriterien festgelegt wurden. Außerdem besorgte er das nötige Geld: Die Frankfurter Zoologische Gesellschaft unterstützt die Serengeti bis heute – Grzimek war lange Präsident der Naturschutzorganisation. Als der Tierschützer 1987 starb, wurde seine Urne nach Tansania überführt. Bernhard Grzimek wurde neben seinem Sohn Michael beigesetzt.

ter. Selbst die von illegalen Jägern nahezu ausgerotteten Nashörner leben inzwischen wieder in der Serengeti, seit einzelne Tiere aus Südafrika von der Nationalparkverwaltung und der Frankfurter Zoologischen Gesellschaft wieder angesiedelt wurden.

*Siringet* nennen die Massai den Park, in ihrer Sprache bedeutet das: endlose Ebene. Der deutsche Geologe Fritz Jäger schrieb 1911 nach Hause: „Ein Meer aus Gras, Gras und noch mal Gras. Man sieht sich um und sieht nichts als Gras und Himmel."

Fast 100 Jahre später hat sich nichts daran geändert. Im Süden des Parks erheben sich wie Inseln im Grasmeer die *Kopjes,* Inselberge aus Granit, die verwittert aus der Ebene ragen. Im Herzen der Serengeti, auf dem etwa 1500 m hoch gelegenen Seronera-Plateau, durchsetzen Schirmakazien die hügelige Savanne. Nur das Ufer des Seronera-Flusses ist von dichtem Wald gesäumt. Im schattigen Wasser plantschen Nilpferde, aus den Wäldern drängen in der Dämmerung Elefanten zur Tränke.

Fotoshooting in der Serengeti: Die Guides wissen, wo die Geparden zu finden sind

Nach Norden hin ändert sich die Landschaft weiter: Das Gras weicht zunehmend Dornbuschsavannen und Akazienwäldern, durchbrochen von vielen saisonalen Flussläufen. Der Norden ist der wildeste und am wenigsten erschlossene Teil der Serengeti: Nur selten kommen Besucher hierher, und die vereinzelten Camps verlieren sich in der Weite des Landes westlich der *Lobo Hills,* welche die Parkgrenze markieren. Die von Hügeln und Wäldern durchzogene Ebene des westlichen Korridors schließlich, der sich von Seronera aus bis fast zum Ufer des Viktoriasees erstreckt, ist das Land der Büffel, Impalas und Giraffen.

Ein Besuch in der Serengeti lohnt sich zu jeder Jahreszeit, weil jeder Korridor seine eigene Saison hat, zu der die Tiere ihn durchwandern. Sie sollten so viel Zeit wie möglich einplanen, um den Artenreichtum und die Weite der Natur zu erleben. Rechnen Sie mit mindestens zwei Nächten an einem Ort; wollen Sie mehr vom Park sehen, entsprechend mehr. Fotosafaris in die Serengeti starten in der Regel von Arusha oder Moshi aus, die Anfahrt von Arusha dauert einen Tag. Sie können selbst einen Wagen mieten (mit oder ohne Fahrer), wesentlich einfacher – und wahrscheinlich billiger – ist allerdings eine organisierte Pauschaltour. Die meisten Veranstalter planen wegen der langen Anfahrt mindestens eine Nacht am Ngorongoro-Krater ein.

Die Verwaltung des Nationalparks (mit Informationszentrum) befindet sich auf dem Seronera-Plateau, nicht weit von der Seronera Wildlife Lodge entfernt. Das Plateau ist meist auch die Basis für kürzere Safaris und Rundfahrten durch den Park. Für eine Erkundungstour können Sie selbst einen Wagen mieten (ein Fahrer ist inbegriffen), wesentlich einfacher und billiger ist allerdings eine organisierte Pauschaltour, die Sie von Europa aus oder vor Ort buchen können. *Eintritt pro Tag 50 US$ | Auto 40 US$ | www.serengeti.org*

## SEHENSWERTES

### FORT IKOMA [117 E2] Insider Tipp

Das von der deutschen Kolonialarmee am Grumeti-Fluss errichtete Fort war einer der entlegensten Außenposten der deutschen Schutztruppen. Mit der Außenwelt konnten die Soldaten nur bei klarem Wetter kommunizieren: Mithilfe von Spiegeln gaben sie Lichtzeichen an den nächsten Posten weiter. Heute ist die Ruine dank des Klimas immer noch gut erhalten und ein malerischer Zwischenstopp auf dem Weg in den westlichen Korridor oder nach Norden. *Nördlich der Seronera Lodge*

### MORU KOPJES [117 F2] Insider Tipp

Die Felsmalereien am Fuß der Moru Kopjes – einer Felsformation im Zentrum der Seregenti – sind hervorragend erhalten. Die Zeichnungen von Tieren und Waffen werden den Massai zugeschrieben, ihre genaue Geschichte aber ist unbekannt. Auf einem der anderen Kopjes befindet sich ein Gong aus Stein, der von den Vorfahren der Massai benutzt worden sein soll. Der Aufstieg ist steil, dauert aber nicht lange. *Eine Autostunde südlich der Seronera Lodge*

### TIERWANDERUNG [117 E–F 1–2]

Die *Great Migration* genannte Tierwanderung ist nicht weniger als ein Weltwunder. Wer einmal die rastlos dahinziehenden Massen von Gnus, Gazellen und Zebras gesehen und gespürt hat, wie unter ihren Hufen die Erde erbebt, wird das Erlebnis nie wieder vergessen. Die Herden sind gute Wanderer: Bis zu 50 km am Tag können Gnus mühelos zurücklegen. Abgesehen von den Monaten September bis November, wenn sich die Herden in der nördlich gelegenen Massai Mara in Kenia aufhalten, sind die Tierwanderungen stets zu sehen: Sie müssen nur am richtigen Ort sein.

Ende Oktober, wenn neuer Regen in der Serengeti ansteht, ziehen die Herden durch den Norden des Parks zurück. Im Lauf des Dezembers erreichen sie den Süden des Schutzgebiets, wo zu diesem Zeitpunkt schon der erste Regen gefallen ist. Das jetzt sprießende junge Gras ist die Hauptnahrung der Gnus, die im Februar massenweise ihre Jungen zur Welt bringen; Zebras kalben gut einen Monat früher. In dieser Zeit (Dezember bis März) bieten der Süden der Serengeti und das Seronera-Plateau die spektakulärsten Sichtfenster, wenn die ganze Masse der Herden hier versammelt ist.

Mit Beginn der Trockenzeit Ende Mai ziehen die Herden in riesigen Zügen zurück Richtung Norden und passieren dabei den westlichen Korridor – zwischen Mai und Juli ist hier die beste Besuchszeit. Die eindrucksvollen Überquerungen des Mara-Flusses (die Tierkolonnen sind bis zu 40 km lang!) im äußersten Norden des Parks sind im Juli und August zu bestaunen. Erst wenn genug Tiere zusammengekommen sind, schieben sich die Massen in kollektiver Panik über den Fluss, viele Tiere werden totgetrampelt. Krokodile und andere Jäger genießen in dieser Zeit ein Festmahl.

Was genau die Tiere bei ihrer Wanderung antreibt, ist immer noch Gegenstand zoologischer Forschung. Fest scheint zu stehen, dass die Gnus bestimmten Grasarten folgen, die nur

In der Wildnis trägt man Streifenlook – Zebras im Serengeti-Nationalpark

in der Regenzeit wachsen. Einen guten Überblick über die Migration gibt die von Hand gezeichnete Karte des Nationalparks (erhältlich in Arushas Buchläden). Je eine Seite ist der Serengeti in der Regen- und Trockenzeit gewidmet. Den aktuellen Stand der Wanderung erfahren Sie in den Unterkünften.

## ÜBERNACHTEN

### LOBO WILDLIFE LODGE

Insider Tipp

Die Lodge mit der besten Lage im Norden des Parks am Fuß der Lobo-Hügel. Zwischen August und November füllt sich die Gegend mit Gnus, aber auch im restlichen Jahr gibt es reichlich Tiere zu sehen. *75 Zi. | Tel. 027/254 45 95 | www.hotelsandlodges-tanzania.com* | €€

### MBALAGETI SERENGETI

Luxuscamp mit Öko-Cottages und Zeltsuiten auf einem Hügel im westlichen Korridor. Phantastischer Ausblick im Juni und Juli zur Tierwanderung. Der von Krokodilen und Hippos wimmelnde Grumeti-Fluss ist nicht weit entfernt. *35 Zi. | Tel. 028/262 23 87, mobil 0744/32 41 93 | www.mbalageti.com* | €€€

### SAYARI CAMP

Insider Tipp

Grandios gestaltetes Camp im Nordwesten der Serengeti. Die Besitzer bieten *flycamps* (mobile Camps) an, die den Tieren folgen. *8 Zelte | Tel. 027/250 27 99, mobil 0784/76 33 38 | www.asilialodges.com* | €€€

### SERENGETI SERENA LODGE

Eine der schönsten großen Lodges der Serengeti: Ihre Rundhäuser liegen versteckt hinter Akazienwäldchen. Das Seronera-Plateau ist nur eine halbe Stunde Fahrt entfernt. *66 Zi. | Tel. 027/250 81 75 | www.serenahotels.com* | €€€

### SERONERA WILDLIFE LODGE

Das Anfang der 1970er-Jahre gebaute, ehemalige Staatshotel ist ein bisschen angestaubt, hat aber eine unschlagbare Lage mitten auf dem Seronera-Plateau. Das Hotel ist um einen *kopje* herumgebaut. Zur Bar muss man sich zwischen Felsen hindurchzwängen. *100 Zi. | Seronera Plateau | Tel. 027/254 45 95 | www.hotelsandlodges-tanzania.com* | €€

## FREIZEIT & SPORT

### BALLONSAFARI ★

Es ist wie ein Blick direkt aus dem Himmel: am frühen Morgen über die Herden hinwegzuschweben, die Lautlosigkeit nur ab und zu vom Fauchen des Gasbrenners unterbrochen, das ist ein einmaliges Erlebnis. An klaren Tagen reicht der Blick vom Heißluftballon bis zum Ngorongoro-Krater. Abgerundet wird das Erlebnis von einem Champagnerfrühstück im Busch, neugierige Affen und andere tierische Besucher inklusive. Die Touren starten vor Sonnenaufgang an der Seronera-Lodge. Wer in der nahen Serena-Lodge wohnt, wird zum Startplatz gebracht. *Serengeti Balloon Safaris | Tel. 027/254 89 67 | www.balloonsafaris.com | 499 US$ pro Person*

## AUSKUNFT

Nicht weit von der Seronera-Lodge gibt es ein Touristcenter mit allgemeinen Parkinformationen und Souvenirs. Karten sind nur manchmal erhältlich – besser schon in Arusha kaufen.

Schöne Aussichten: Bei einer Ballonsafari können Sie die Tierherden von oben beobachten

## TARANGIRE NATIONAL PARK

[118 A–B 2–3] ★ **Wer viel gereiste Tansanier nach dem schönsten Nationalpark ihres Landes fragt, der hört oft eine überraschende Antwort: Tarangire.** Dass der mitten im Great Rift Valley (östlich des Manyara-Sees) gelegene Park bis heute ein Geheimtipp ist, macht sicher einen beträchtlichen Teil seines Charmes aus. Weite Teile des 2600 km² großen Parks sind ungezähmte Wildnis. Abseits der Safaripfade und nahe der Lodges, die sich kurz hinter dem Parkeingang im Norden konzentrieren, erstrecken sich menschenleere Wälder und Sümpfe, in denen sich Nilpferde suhlen.

Tarangire hat seine eigene Tierwanderung – die Größe der Herden, die zwischen August und November im Park zu sehen sind, wird tatsächlich nur von denen der Serengeti übertroffen. 3000 Elefanten, 25 000 Gnus und 30 000 Zebras sammeln sich in der Trockenzeit (von August bis Oktober) am Tarangire-Fluss und den Wasserlöchern der Umgebung. Nach Beginn der Regenzeit ziehen die Tiere im Dezember über Lake Manyara weiter bis zum Amboseli-Nationalpark in Kenia, am Fuß des Kilimandscharo. In der Regenzeit verändert der Park sein Gesicht: Riesige Sümpfe entstehen dort, wo vorher ausgetrocknete Marschen waren. In dieser Zeit, in der alles blüht, können Sie in Tarangire Myriaden von Vögeln (500 Arten) und Schmetterlingen beobachten.

Land der Riesen wird Tarangire auch genannt, wegen der großen Elefantenherden und der riesigen Bäume – allen voran die Afrikanischen Affenbrotbäume (Baobabs). Schon hundert Jahre alte Exemplare haben oft einen Stammumfang von 10 m – und sie können bis zu 3000 Jahre alt werden. Der Baum hat sich perfekt auf seine Umwelt eingestellt:

Das poröse Holz etwa kann Hunderte Liter Regenwasser speichern, die den Baum während der langen Trockenzeit mit der nötigen Feuchtigkeit ver-

Eine Jeeptour – hier im Tarangire-Nationalpark – ist der Klassiker aller Fotosafaris

sorgen. Die riesigen Baobabs dienen zudem vielen Tieren als Unterschlupf. Und ihre lang gezogenen Früchte werden von Naturvölkern als Kalebassen genutzt, die Kerne und das Fruchtfleisch werden gegessen. Die größten Vorkommen dieser Baumart finden Sie in Lemiyon im Norden des Parks.

Das Eingangstor und der Parkhauptsitz liegen im Nordwesten, zusammen mit einem lohnenden Besucherzentrum. Von Arusha aus ist der Park mit dem Auto in knapp drei Stunden erreicht. *Eintritt pro Tag 35 US$ | Auto 40 US$*

## SEHENSWERTES

### LAKE BURUNGI

Der flache Sodasee gleich hinter der westlichen Parkgrenze ist zwischen Juli und November von Flamingos bevölkert. Im Hintergrund erhebt sich der Rand des ostafrikanischen Grabenbruchs. Entlang des Ufers breiten sich ausufernde Wälder von Euphorbien aus. Die Pflanzen, auch als Wolfsmilch bekannt, können bis zu 10 m hoch werden. Hier gibt es zahlreiche Kudus (eine Antilopenart) und Buschböcke zu sehen.

## ÜBERNACHTEN

### NAITOLIA CAMP

Das Camp liegt am nördlichen Ende des Tarangire-Parks zwischen Akazien und Affenbrotbäumen. Trekkingtouren und Campingtrips innerhalb des Parks können arrangiert werden. *4 Zi. | Tel. 0754/74 13 54 | www.tarangireconservation.com* | €€

Insider Tipp
### SWALA CAMP
Kleines Camp nahe dem Gursi-Sumpf am südlichen Ende des Parks. Zum Dinner wird mit echtem Silber gedeckt, auch sonst dominiert Luxus wie zu Zeiten der Großwildjäger vor 100 Jahren. Im Schatten großer Akazien tummeln sich Elefanten, Löwen und Leoparden. *9 Zelte | Tel. 027/ 250 98 16 | www.sanctuarylodges.com* | €€€

### TARANGIRE SAFARI LODGE
Der weite Blick über den Tarangire-Fluss macht den Ausblick hier zu einem der besten im ganzen Park: Von der Veranda lassen sich Hippoherden, Giraffen und Antilopen beobachten. Den Safarizelten und Bungalows merkt man nicht an, dass die Lodge die älteste des Parks ist. *40 Zi. | Tel. 027/254 47 52 | www.tarangiresafarilodge.com* | €

## ZIEL IN DER UMGEBUNG

Insider Tipp
### FELSMALEREIEN IN KOLO [118 A4]
Drei Stunden südlich von Tarangire, Richtung Babati und Dodoma, erstreckt sich die größte Sammlung von Felsmalereien in diesem Teil Afrikas: Mehr als 200 Zeichnungen sind auf den Hügeln und in den Grotten rund um das Dorf Kolo zu besichtigen.

Auf ihnen sind vor allem Tiere, aber auch Menschen, Zeremonien und Tänze abgebildet. Andere Bilder zeigen abstrakte geometrische Figuren. Besonders gut erhalten und beeindruckend sind die Tänzer von Kolo *(mungomi wa kolo)* auf dem Ichoi-Hügel, etwa 10 km von Kolo entfernt. Die zwischen 200 und 4000 Jahre alten Zeichnungen wurden mit Farben gemalt, die u. a. aus Blättern gewonnen wurden. Über die Bedeutungen der Bilder rätseln Forscher bis heute. Die Malereien können von Tarangire aus als Tagesausflug besucht werden. Da die einzelnen Höhlen einige Kilometer voneinander entfernt liegen, brauchen Sie ein Fahrzeug. Rechnen Sie mit 150 Dollar für die Taximiete für einen ganzen Tag. *www.africanrockart.org*

## >LOW BUDGET

- > Die billigste Möglichkeit, in der Serengeti ein Dach über den Kopf zu bekommen, ist das *rest house* der tansanischen Nationalparkbehörde Tanapa (1 km von der Seronera-Lodge entfernt). Für 30 Dollar pro Nacht übernachten Sie in einem der drei einfach ausgestatteten Zimmer. Essen gibt es in den nahen Restaurants und Shops. Reservieren bei *Tanapa in Arusha | Tel. 027/ 250 34 71 | www.tanzaniaparks.com*
- > Auf den Campingplätzen der Serengeti *(public campsites)* kann man für 30 Dollar sein Zelt aufschlagen und die Toiletten und Duschen benutzen. Die Plätze befinden sich am Ndabaka Gate im Westen, in Lobo im Norden und (mehrere) im Seronera Valley.
- > Am Rand des Empakaai-Kraters können Sie – in Begleitung der Wildhüter – draußen zelten. Lebensmittel, Wasser und alles andere muss mitgebracht werden. Kosten: Trinkgeld für den Ranger (vorher aushandeln).

# > GIPFELSTÜRMER UND GIRAFFEN

## Nicht nur Bergsteiger lassen sich vom schneebedeckten Riesen am Äquator beeindrucken

**> Ganz früh am Morgen ist er besonders eindrucksvoll: Dann glüht die Schneekappe des Kilimandscharo im roten Licht des Sonnenaufgangs und lässt die ganze Faszination spüren, die Afrikas höchster Berg nicht nur auf Bergsteiger ausübt.**
Das Aufstehen zu unchristlicher Zeit lohnt sich: Schon ab dem späten Vormittag ist die Spitze des Bergmassivs meist bis zur Dämmerung unter Wolken verborgen. Der Aufstieg bis zum 5895 m hohen Gipfel ist selbst ohne alpinistische Erfahrung möglich. Einsamer als der Kilimandscharo ist der Mount Meru (4566 m), Tansanias zweithöchster Berg, der sich inmitten der tierreichen Savanne des Arusha-Nationalparks erhebt.

Wem ein Gipfelsturm im Urlaub zu stressig ist, der kann den Kilimandscharo – das höchste Bergmassiv Afrikas – auch in den unteren Hängen erwandern und auf diese Weise die einmalige Landschaft genießen.

Bild: Kilimandscharo

## ARUSHA

[118 B2] **Keine Stadt im Land wächst so schnell wie Arusha. Und doch hat Tansanias Safarihauptstadt (400 000 Ew.) den kolonialen Charme jener Tage, als von der hiesigen Piste Versorgungsflugzeuge in den umliegenden Busch starteten, noch nicht ganz verloren.** Die üppig grüne Stadt ist Startpunkt für eine Fülle von Touristenattraktionen im Land. Arusha ist sie das Tor zur Serengeti und zu den nördlichen Nationalparks. Und obwohl vom Kilimandscharo weiter entfernt als etwa Moshi, ist Arusha auch die Hauptbasis für die Organisation von Wanderungen auf dem höchsten Berg Afrikas. Darüber hinaus ist die Stadt am Fuß des Mount Meru gesäumt von Kaffeeplantagen, die einen Ausflug lohnen.

Wenn Sie vor Ort eine Tour organisieren wollen, werden Ihnen schnell die Schlepper auffallen, die lierten Veranstaltern nachfragen. Die vermeintlichen Schnäppchen sind meist windige Angebote.

Auch wenn Arusha für die meisten eine Durchgangsstation ist, ist das grüne Hochland der Umgebung durchaus ein paar Tage Urlaub wert. In den Inns und Lodges jenseits der Stadtgrenze spiegelt sich heute noch die entspannte und rustikale Atmosphäre der Höfe wider, die die europäischen Siedler hier errichtet haben. Auf 1500 m Höhe können Sie sich

> www.marcopolo.de/tansania

sche Fort – auch Boma genannt – an. Die 1886 errichtete Garnison ist ein imposanter Bau. Schauen Sie im gemütlichen *Via-Via-Restaurant* und im Kulturzentrum *(So geschl.)* vorbei: Beide befinden sich auf dem Gelände der Boma. Das Kulturzentrum organisiert regelmäßig Veranstaltungen und Ausstellungen. In unmittelbarer Nachbarschaft der Boma liegt auch das *Naturhistorische Museum* der Stadt *(tgl. 9–17 Uhr | 2000 TSh | www.habari.co.tz/museum)*.

Insider Tipp

nals lohnt sich besonders montags bis donnerstags, wenn Anhörungen stattfinden. *Afrika Mashariki Road | Tel. 027/250 50 00 | www.ictr.org*

## ESSEN & TRINKEN

### ARUSHA COFFEE LODGE

Riesige Auswahl an mediterran angehauchten Gerichten, Pizza und besonders guten Desserts im Grünen. Sonntags trifft sich hier halb Arusha, vor allem an sonnigen Tagen, denn für Gäste ist die Benutzung des Swimmingpools umsonst. *Dodoma Road (nahe Arusha Airport) | €€*

### MASSAI CAMP

Beliebter Treffpunkt mit rustikaler Atmosphäre und guter, preisgünstiger Küche: Pizza wird im Holzofen gebacken, in dessen Rauch Schweinefleisch geräuchert wird. Auch mexikanische Gerichte stehen auf der Karte. *Old Moshi Road | €*

### SPICES & HERBS

Äthiopische Gerichte in authentischer Atmosphäre mit vielen vegetarischen Optionen. Von Donnerstag bis Samstag spielt dazu eine traditio-

hier besonders günstig. Rund um den Uhrturm gibt es Verkaufsstände, an denen allerdings gut gehandelt werden muss. Wer gerne ruhiger einkauft oder sich einen Überblick verschaffen will, für den ist die Riesenauswahl im *Cultural Heritage Centre (Dodoma Road | So geschl.)* 12 km westlich der Stadt das Richtige.

## ÜBERNACHTEN

### KARAMA LODGE

Insider Tipp

Buschatmosphäre wenige Kilometer von Arushas Innenstadt entfernt: Sie wohnen in luxuriös ausgestatteten Pfahlhütten inmitten der Vogelwelt. Vom Balkon können Sie schon den ersten Blick auf den Kili erhaschen. *22 Bandas | Old Moshi Road | Tel. 027/250 03 59, mobil 0754/74 51 88 | www.karama-lodge.com | €€€*

### OUTPOST LODGE

Im schönen Garten der Lodge stehen mehrere Bungalows verteilt. Besonders günstig schlafen Sie in den Mehrbettzimmern. *23 Zi. | Serengeti Street 37a | Tel. 027/254 84 05 | www.outposttanzania.com | €*

## MARCO POLO HIGHLIGHTS

**★ Hatari-Lodge**
Sundowner mit den Büffeln: In der umgebauten Filmranch mischen sich Tradition und Moderne (Seite 53)

**★ Kilimandscharo National Park**
Einmal auf das Dach Afrikas steigen: Im Nationalpark geht der Traum in Erfüllung (Seite 54)

**RIVERTREES COUNTRY INN**

Wenige Kilometer außerhalb von Arusha gelegen. In den gemütlichen Hütten (deutsches Management) können Sie prima entspannen. *10 Bandas | Tel. 027/255 38 94, mobil 0713/ 33 98 73 | info@rivertrees.com | €€*

## SAFARIVERANSTALTER

Was man in Tansanias Safarihauptstadt nicht buchen kann, das gibt es nicht. Entsprechend groß ist die Zahl der Veranstalter – und solange die Agentur beim TTB *(Tanzania Tourist Board)* registriert ist, können Sie nicht völlig falschliegen. Zu den etablierten Safariveranstaltern gehören: *Abercrombie & Kent | Tel. 027/250 83 47 | Fax 250 82 73 | www.abercrombiekent.com* (gehobene Touren); *Green Footprint Adventures | Tel. 027/ 250 26 64 | www.greenfootprint.co.tz* (abseits ausgetretener Pfade); *Leopard Tours | Tel. 027/250 84 41 | Fax 250 41 31 | www.leopard-tours.com* (breite Auswahl)

## AUSKUNFT

**TANZANIA NATIONAL PARK AUTHORITY**

Infos u. a. über die Parks und die für den individuellen Besuch nötigen Chipkarten. *Sokoine Road | Tel. 027/ 25 19 30 | www.tanzaniaparks.com*

**TANZANIA TOURIST BOARD**

Eines der wenigen TTB-Büros, das hilfreiche Informationen rund um Hotels und Transport bietet, außerdem eine Liste aller zertifizierten Safariveranstalter und einen kostenlosen Stadtplan. *Boma Road | Tel. 027/ 250 38 42 | ttb-info@habari.co.tz*

## ZIELE IN DER UMGEBUNG

**ARUSHA NATIONAL PARK** **[118 B–C 2]**

Der 300 km² kleine Park, dessen westliches Ende der Mount Meru im

## > TANSANIT

*Ein Edelstein, der rarer ist als Diamanten*

Wenn die Legende stimmt, dann war es ein Massai-Hirte, der Ende der 1960er-Jahre nach einem Buschfeuer die Steppe im Schatten des Kilimandscharo als Erster durchquerte – und dabei in der Asche verstreut die blau leuchtenden Steine entdeckte, die kurze Zeit später zum Edelstein des 20. Jhs. gekürt wurden. Tansanit ist einer der rarsten Schmucksteine der Welt – die globalen Diamantvorkommen etwa sollen tausend Mal so groß sein. Geschürft wird er nur in einer einzigen Mine in den Merelani-Hügeln in der Nähe von Arusha. Kommt Tansanit aus dem Boden, ist der Edelstein schmutzig braun wie eine Bierflasche. Erst auf 500 Grad erhitzt, wandelt er sich in das glänzende Blauviolett – je stärker der Violettanteil, desto wertvoller. Geologen vermuten, dass der Tansanit seine einzigartige Mischung einem Vulkanausbruch des Kilimandscharo verdankt. Wer einen geschliffenen Edelstein als Andenken mit nach Hause nehmen will, muss in der besten Qualität (Rating AAA) mit hohen Preisen rechnen – und sich beeilen. In 40 Jahren, so die Schätzungen, wird der letzte Tansanit über den Ladentisch gegangen sein.

Wohlfühlstube in der Wildnis: Die Hatari-Lodge ist Tansanias erstes Designhotel

Westen markiert, wird *Serengeti ndogo,* kleine Serengeti, genannt. Löwen bekommen Sie hier nicht zu Gesicht, dafür gibt es hier rekordverdächtig viele Giraffen. Der Blick auf die Büffelherden im *Ngurdoto-Krater* im äußersten Südosten des Parks ist eindrucksvoll. In den 400 m tiefen Krater fahren darf man allerdings nicht. Der Park ist von Arusha aus in einer halben Stunde erreicht. Kartenmaterial ist im Park nicht erhältlich. *Eintritt pro Tag 35 US$ | Auto mind. 40 US$ (je nach Größe)*

Von den Momela-Seen im Norden des Parks sieht man in der Abenddämmerung die Gipfel von Mount Meru und Kilimandscharo schimmern. Hier steht auch eine der außergewöhnlichsten Unterkünfte Tansanias: ★ *Hatari-Lodge* heißt die umgebaute, alte Ranch *(9 Zi. | 2 km vom Momella Gate | Tel. 027/255 34 56 | www.hatarilodge.com | €€€).* Haupthaus und Anbau strahlen im Stil der 1960er-Jahre in Braun, Orange und Grün. Ein Steg führt hinein in die Ausläufer der Momela-Seen, wo im Sonnenuntergang die Büffel grasen. Nicht weit entfernt liegt das Wäldchen, in dem die zerfallende Momela-Lodge steht: Dort hatte Hardy Krüger 1959/60 mit John Wayne den Film „Hatari!" gedreht und sich dabei in Afrika verliebt. Krüger baute sich ein Haus in Afrika – die heutige Lodge.

**MOUNT MERU** **[118 B2]**

Der 4566 m hohe Gipfel des Mount Meru lässt sich nicht nur schneller und deutlich billiger als der Kilimandscharo bezwingen – man hat den Berg über weite Strecken auch ganz für sich allein. Eine Gipfeltour *(Kosten: etwa 250 US$)* dauert drei Tage. Vom Momela Gate auf 1500 m geht es durch von Giraffen durchwandertes, dichtes Waldland in drei Stunden bis zur *Miriakamba-Hütte* (2600 m). Am zweiten Tag dünnt der Wald langsam aus, nach drei Stunden erreicht man die *Saddle-Hütte* (3600 m), von der Sie bei gutem Wetter den Kili sehen. Der dritte Tag ist Gipfeltag: Wer gegen 2 Uhr nachts startet, steht rechtzeitig zum Sonnenaufgang oben – und ist am Abend zurück am Ausgangspunkt.

kommen. Wem das zu viel ist, dem stehen mehrere Wanderwege zur Verfügung. Touren auf eigene Faust sind nicht möglich: Tansanias Regierung

Beste Aussichten: Wer erst auf den Mount Meru steigt, ist danach fit für den Kilimandscharo

schreibt die Buchung über ein Safariunternehmen ebenso vor wie die Beschäftigung einheimischer Führer und Träger.

## KILIMANDSCHARO NATIONAL PARK

[118 C 1–2] ★ **Aus der Nähe wirkt der größte freistehende Berg der Welt noch imposanter als aus der Ferne. Kein Wunder, dass jedes Jahr Tausende den Versuch unternehmen, bis zum 5895 m hohen Gipfel vorzudringen.** Der Schlüssel zum Erfolg heißt Zeit. Wer sich schrittweise an die enorme Höhe anpasst, hat selbst ohne Bergsteigererfahrung gute Chancen, bis ganz nach oben zu

Geologisch gesehen ist der Kilimandscharo ein junges Bergmassiv, das durch vulkanische Aktivität vor gut 1 Mio. Jahren geformt wurde. Heute schlummert der Vulkan. Obwohl es keine Ausbrüche gibt, weht starker Schwefelgeruch über dem 2,3 km breiten und 200 m tiefen Krater an der Spitze. Die Schneekappe schmilzt unterdessen: Die Umweltexperten der Vereinten Nationen gehen davon aus, dass der Schnee infolge des Klimawandels bis 2020 verschwunden sein wird – vier Fünftel der 1918 gemessenen Schneedecke sind bereits geschmolzen.

Von den sechs gängigsten Routen ist die *Marangu-Route* (auch *Coca-Cola-Route* genannt) mit Abstand die einfachste und beliebteste. Wer auf diesem Weg auf den Kilimandscharo steigt, durchquert innerhalb von fünf Tagen alle Ökosysteme des Gebirgsmassivs: Die Felder des Hochlands gehen über in dichten Bergwald, wo an der *Mandara-Hütte* (2800 m) der erste Aufstiegstag endet. Tag 2 führt durch Heide- und Moorland bis zur *Horombo-Hütte* (3700 m): Unterwegs ist erstmals der Gipfel zu sehen. Der dritte Tag führt durch urzeitlich wirkende Wälder bis jenseits der Baumgrenze zur *Kibo-Hütte* (4750 m).

Am vierten Tag beginnt gegen Mitternacht der Gipfelsturm: Die gut 1200 m bis zum Kraterrand am *Gillman's Point* (5680 m) oder zur Freiheitsspitze *(Uhuru Peak)* auf 5895 m sind die strapaziösesten, sie führen durch Eis- und Schneefelder. Wenn alles glattgeht, erreichen Sie den Gipfel rechtzeitig zum Sonnenaufgang: ein atemberaubender Anblick. Der letzte Tag gilt dem Abstieg von der Horombo-Hütte bis zum Ausgangspunkt. Wer sichergehen will, den Gipfel zu erreichen, plant am besten einen weiteren Tag zur Akklimatisation auf der Horombo-Hütte ein.

Der harschen Umgebung mit zum Gipfel hin stetig sinkenden Temperaturen hat sich eine vom Umland isolierte Tierwelt angepasst. Elefanten steigen bis auf das Shira-Plateau auf fast 4000 m. Nicht weit vom Gipfel wurde einst sogar ein erfrorener Leopard gefunden. Die meisten Wildtiere leben aber im Waldgürtel, was Wan-

## > DIE MASSAI

### Afrikas berühmtes Hirtenvolk im Aufbruch

Wer im Norden Tansanias reist, trifft sie mit Sicherheit: in rote Tücher gewandete Männer, die mit ockerfarbenem Haar, prächtigem Kopfschmuck und einem Speer in der Hand in der Landschaft stehen, still wie eine Statue. Die Massai sind ein nomadisches Hirtenvolk, das heute noch so lebt wie vor Jahrhunderten. Gesellschaftlicher Status wird vor allem anhand der Herde gemessen: Je größer diese ist, desto reicher ist ihr Besitzer. Geschlachtet werden die wertvollen Tiere nur bei besonderen Anlässen. Hauptnahrung der Massai ist Milch, gemischt mit vorsichtig abgezapftem Rinderblut. Mit der Pubertät begehen die jungen Männer die Initiation zum Krieger *(moran)*. Rituell müssen sie dann zum Beweis ihrer Kraft einen Löwen mit dem Speer erlegen. Nicht nur weil das inzwischen verboten ist, öffnen sich viele Massai immer mehr der Gesellschaft. Schulbildung und wirtschaftliche Chancen etwa im Tourismus führen dazu, dass vor allem junge Massai in die Städte ziehen und ihre Lebensweise ändern. Wer bleibt, lebt häufig vom Tourismus. In *cultural villages* genannten Massai-Dörfern bieten die Bewohner einen Einblick in das traditionelle Leben, der leider häufig durch aggressive Geldwünsche (etwa für Fotos) getrübt wird.

derungen im Nationalpark auch ohne Gipfelsturm lohnend macht.

Billig ist eine Kili-Bergtour nicht: Rechnen Sie mit mindestens 1000 Dollar für fünf Tage auf der Marangu-Route, zzgl. Parkgebühr und Trinkgeld für Guide (ca. 10 000 TSh pro Tag) und Träger (5000 TSh pro Tour). Die Kosten für andere Routen sind höher und hängen maßgeblich davon ab, wie lange die Tour dauert und wie ungewöhnlich oder schwierig sie ist. Denken Sie daran: Sie vertrauen Ihrem Bergführer Ihr Leben an – von Schnäppchentouren sollten Sie absehen! Das Wetter am Kilimandscharo ist unvorhersehbar. Innerhalb von weniger als einer Stunde kann das Wetter komplett umschlagen. Es ist deshalb wichtig, immer den Anweisungen des Führers zu folgen.

Außer einer guten Kondition sollten Sie für einen Aufstieg möglichst alles aus Europa mitbringen: Wanderstiefel, Stirn- und Taschenlampe, Schlafsack, Windstopper, genügend Socken, lange Unterwäsche und Handschuhe. Trotz aller Vorbereitung gilt: Zwingen Sie sich nicht zum Gipfel. Selbst die leichteste Tour auf den Kilimandscharo ist wegen der enormen Höhe eine große Herausforderung. „Pole, pole", mahnen die Bergführer unterwegs, was so viel heißt wie „langsam, langsam". Ein tansanisches Lebensmotto, das zugleich das Erfolgsrezept für eine erfolgreiche Kili-Besteigung ist. Doch selbst mit Langsamkeit schafft es im Schnitt nur jeder Zehnte bis ganz hinauf. 90 Prozent geben vorher auf – es ist also keine Schande, früher abzusteigen.

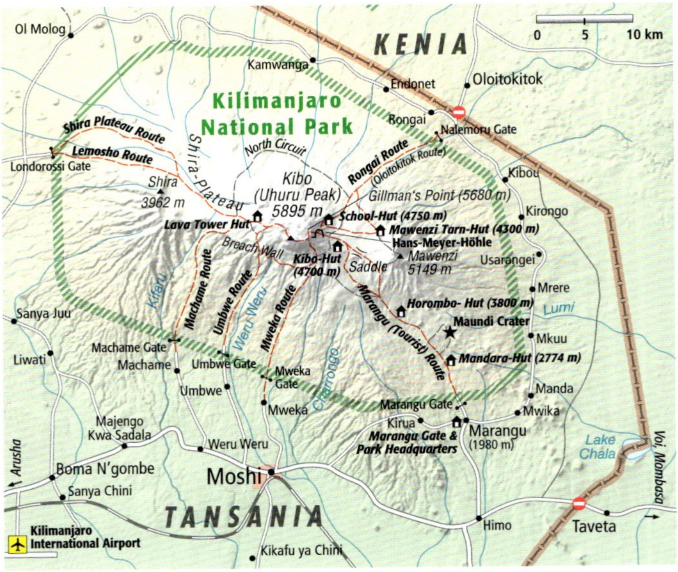

Der Gipfel ist noch weit: Durch fünf Ökosysteme und dichten Bergwald geht es auf den Kili

Auch unterhalb des Gipfels gibt es großartige Möglichkeiten, den Kili in seiner ganzen Vielfalt kennenzulernen: z. B. bei einer Bergrundtour, die eine gute Woche dauert und bei der Sie auf etwa 4000 m Höhe den Kilimandscharo umwandern. Je nach Route können sich Kurzentschlossene am vorletzten Tag noch für den Gipfel entscheiden, der Rest der Gruppe steigt derweil schon einmal ab. Die meisten Safariveranstalter in Moshi haben eine solche Tour im Programm.

Eine Kilimandscharo-Tour beginnt (abhängig von der Route) normalerweise in *Marangu,* einem Ort am Fuß des Berges (gut 40 km nordöstlich von Moshi und 5 km vom Parkeingang entfernt). *Eintritt pro Tag 80 US$ | Übernachtung in den Hütten je 50 US$*

## FREIZEIT & SPORT

### KILI VON OBEN

Wer ohne die Mühen eines Aufstiegs den Kilimandscharo von oben sehen möchte, kann ein Charterflugzeug für einen Rundflug um den Berg buchen. Die schönste Sicht hat man am frühen Morgen kurz nach Sonnenaufgang, gestartet werden kann theoretisch von jedem Flugfeld der Umgebung. Wer vom Kilimanjaro International Airport nach Sansibar oder Dar fliegt, hat den Blick von oben inklusive, wenn er auf der linken Flugzeugseite sitzt. *Kili Air | Kosten: 450 US$ für das ganze Flugzeug | Tel. 027/275 05 23, mobil 0787/71 07 10 | www.kiliair.com*

### TOUR DE KILI

Insider Tipp

Origineller kann man den Kili nicht umrunden: Vom Farmland mit Kaffeesträuchern und Bananenhainen durch Savanne, Bergwald und Massai-Dörfer führen die sechs Etappen auf dem Mountainbike einmal rund um den Berg. Steile Abschnitte, brennende Sonne und viel Staub machen die 283 km lange Strecke zu einer sportlichen Herausforderung. Dafür gibt es die Chance, eine touristisch unerschlossene Seite des Berges kennenzulernen, mit Massai ins Gespräch zu kommen oder – in Begleitung eines Rangers – Elefanten zu beobachten. Der deutsche Veranstalter Chagga Tours organisiert die Tour für zwei bis zehn Biker samt Begleitfahrzeug für etwa 1000 Euro pro Kopf. *www.chagga-tours.com*

Kaffee vom Kili: Arabica-Bohnen

# MOSHI

[118 C2] **Sauber, aufgeräumt und fast ein bisschen langweilig – würde im Hintergrund der Stadt (200 000 Ew.) nicht der Kilimandscharo in den Himmel ragen, es gäbe kaum einen Grund, hier zu halten.** So jedoch ist Moshi, das auf 850 m Höhe am Fuß des Bergmassivs liegt, eines der brummendsten Touristenziele des Landes. Ob Gipfelsturm, MTB-Tour oder Trekking, im übersichtlichen Zentrum kann alles arrangiert werden. Die meisten Veranstalter, Geschäftsleute und Hoteliers von Moshi gehören übrigens zum Volk der Chagga. Die Chagga sind die drittgrößte Ethnie Tansanias und leben seit Jahrhunderten am Fuß des Kilimandscharo. Traditionell waren die meisten von ihnen Bauern. Noch heute bewirtschaften sie die Kaffeeplantagen im Umland: Moshi ist auch eines der wichtigsten Kaffeeanbauzentren des Landes.

Die Stadt liegt verkehrsgünstig an der gut geteerten Straße, die Arusha mit Daressalaam verbindet. Kilimanjaro International Airport ist 40 km entfernt. Die Bahnlinie nach Dar ist leider seit einigen Jahren stillgelegt.

## ESSEN & TRINKEN

### COFFEE SHOP

Hausgebackenes Brot, Cappuccino und Waffeln gehören zu den Spezialitäten des gemütlichen Gartencafés. *Hill Street*

### EL RANCHO

Indische Gerichte der Spitzenklasse, viele davon sind vegetarisch. Das attraktiv in einem alten Wohnhaus mit Garten gelegene Restaurant befindet sich ein paar Kilometer stadtauswärts – am Abend sollten Sie ein Taxi nehmen. *Lema Road* | €€

### SALZBURGER CAFÉ

Eher eine Mischung aus Kneipe und Restaurant, dekoriert mit einer Menge originellem Kitsch aus der Heimat des Besitzers. Die Teller werden zünftig österreichisch voll gepackt mit Steaks und Kartoffelbrei oder Nudelgerichten. *Kenyatta Street* | €

## ÜBERNACHTEN

### KEYS HOTEL

Bei Bergsteigern besonders beliebte, günstige Unterkunft mit schlichten und sauberen Zimmern (nicht alle haben Klimaanlage) und Bandas im Hinterhof. Die Besitzer gehören zu den erfahrensten Organisatoren von Kili-Besteigungen. *30 Zi. | Uru Road | Tel. 027/275 22 50 | www.keys-hotels.com* | €

### KILIMANJARO IMPALA HOTEL

Modern ausgestattetes Haus mit großen Zimmern, Pool und Internet, 5 km vom Zentrum entfernt. Entspannte Atmosphäre, bestes Preis-Leistungs-Verhältnis der Stadt. *11 Zi. | Lema Road | Tel. 027/275 34 43 | www.impalahotel.com* | €€

### PROTEA HOTEL MACHAME

Frisch renoviertes Hotel außerhalb von Moshi am Fuß des Kili mit Pool und allen Annehmlichkeiten. Das Management organisiert außer Kili-Besteigungen auch Wanderungen in der Umgebung, etwa zum 30 m hohen Makoa-Wasserfall. *30 Zi. | Machame Road | Tel. 027/275 69 41 | www.proteahotels.com* | €€

## SAFARIVERANSTALTER

In Moshi gibt es reichlich Auswahl an Veranstaltern, die eine Tour auf Afrikas höchsten Berg organisieren können. Zu den empfehlenswerten gehören: *Chagga Tours | Chagga Street | Tel. 027/275 13 18 | www.chagga-tours.com* (auch deutschsprachige Führer); *Keys Hotel* (s. Übernachten) und *Shah Tours | Mawenzi Road | Tel. 027/275 23 70 | kilimanjaro@eoltz.com*

## FREIZEIT & SPORT

Nirgendwo in Tansania wächst so guter Kaffee wie an den Hängen im Hochland rund um den Kili: Hier wird Arabica-Kaffee angebaut, der als so edel gilt, dass er den meisten Mischungen nur in kleinen Mengen beigefügt wird. Seit Missionare vor mehr als 100 Jahren die Kaffeebohne nach Tansania brachten, haben die Bauern den Anbau perfektioniert. Heute ist Kaffee eines der wichtigsten Agrarexportgüter des Landes.

Die Kaffeefarmen am Fuß des Kilimandscharos können nach Vereinbarung besucht werden. Geführte Besichtigungen arrangiert der Coffee Shop an der Hill Street.

## > LOW BUDGET

- Machen Sie es wie die Tansanier, und essen Sie statt im Restaurant am Straßenrand. Geröstete Maiskolben, Fleischspieße *(mishkaki)* und frittierten Maniok *(cassava)* gibt es in Arusha entlang der Swahili Street für wenige Hundert Schillinge. In Moshi verkaufen die Straßenhändler dazu wohlschmeckenden Kaffee.
- Wer billig zwischen Moshi und Arusha hin- und herfahren will, sollte Bus statt Taxi fahren. Tickets gibt es ab 1500 Schillinge. Vorsicht: An beiden Busbahnhöfen gibt es Touristenschlepper, die Sie in besonders teure Busse locken wollen.
- Hartgesottene können mitten in Arusha zelten – die *Vision Campsite* liegt neben dem Equator Hotel an der Boma Road. Geduscht wird mit heißem Wasser aus Eimern. *Kosten pro Nacht: 3000 TSh*

# > STRAND, KULTUR UND STADTLEBEN

Entspannen unter Palmen und einem endlosen Himmel: wo Tansania aufs Meer trifft

**> Lehnen Sie sich zurück, und lassen Sie sich in einem der Beach Resorts für ein paar Tage verwöhnen. In Küstennähe hat die deutsche Kolonialzeit ihre Spuren hinterlassen: In der ehemaligen Hauptstadt Bagamoyo ebenso wie in Daressalaam, Tansanias wahrer Metropole.**

Nach einer Woche in der staubigen Savanne kann man in Dar, wie die Drei-Millionen-Stadt im ganzen Land liebevoll genannt wird, Kultur, Musik und Party tanken.

Bild: Strand von Pangani

## BAGAMOYO

[119 E6] ★ **Wer durch Bagamoyos Altstadt mit ihren verwunschenen Ruinen läuft, fühlt sich um mehrere Jahrhunderte zurückversetzt in die Zeit des Sklavenhandels, mit dem die Stadt groß geworden ist.** „Lege Dein Herz nieder", so wird der Name der Stadt übersetzt, und damit sind vermutlich die Sklaven gemeint, die nach Hunderten Kilometern Gewaltmarsch in Bagamoyo ihr vorläu-

# DARESSALAAM UND DIE KÜSTE

figes Ziel erreichten: den Sklavenmarkt und von dort den Abtransport in eine ungewisse Zukunft.

Mitte des 19. Jhs. war Bagamoyo die wichtigste Hafenstadt des Landes: Jährlich wurden 50 000 Männer und Frauen aus dem Binnenland nach Sansibar und in die arabische Welt verschifft. Europäische Entdecker wie Henry Morton Stanley und David Livingstone passierten die Stadt auf ihrem Weg ins unbekannte Binnenland. 1888 erklärte Deutschland Bagamoyo zur Kolonialhauptstadt, doch schon nach drei Jahren zog die Verwaltung erst nach Tanga und dann nach Dar.

Es schien lange Zeit, als gerate die verfallende Stadt trotz ihrer 30 000 Einwohner in die Bedeutungslosigkeit, doch neue Resorts entlang der leuchtend weißen Strände zeugen vom Aufschwung. Für einen Spaziergang lohnt es sich dennoch, im Hotel nach einem lokalen Führer zu fragen – in den verwinkelten Altstadtgassen hat es Bewohnern zufolge bereits Überfälle gegeben.

Der Stolz von Bagamoyo: Die Katholische Mission existiert seit fast 150 Jahren

## SEHENSWERTES

### ALTES FORT

Das von einem arabischen Händler 1860 als Sklavengefängnis gebaute Fort am südlichen Ende der Altstadt ist das älteste noch stehende Gebäude Bagamoyos. Es kann nur von außen besichtigt werden.

### BOMA

Das kaiserliche Verwaltungsgebäude (1897) ist inzwischen fast ganz verfallen. Auf der Frontseite an der parallel zur Küste verlaufenden India Road feiern fünf Gedenktafeln bis heute die „Heldentaten" deutscher Offiziere.

### KAOLE-RUINEN

5 km von Bagamoyo entfernt stehen die Ruinen einer der ältesten Küstenstädte des Landes. Die Geschichte von Kaole liegt weitgehend im Dunkeln: Vermutlich wurde die Stadt im 14. Jh. gebaut, manche Quellen sprechen auch vom 13. oder sogar vom 7. Jh. Kaole soll eine der größten Moscheen seiner Zeit beherbergt haben. Deren Überreste sind, neben anderen Gebäuden und Grabmälern, bis heute zu sehen. *10 Min. Taxifahrt*

### KATHOLISCHES MISSIONSMUSEUM

Im Norden, am Ende einer Allee aus Mangobäumen, steht die älteste Kirche Ostafrikas. Auf ihrem Gelände gründeten Missionare 1868 eine Kolonie befreiter Sklaven und läuteten damit das Ende des Sklavenhandels in Bagamoyo ein. Im Gebäude gegenüber ist dazu ein *Museum* eingerichtet. *Tgl. 10–17 Uhr | 1500 TSh*

## ESSEN & TRINKEN

### BAGAMOYO BEACH RESORT

Frischer Fisch ist die Spezialität des Restaurants, das in der Nähe des Missionsmuseums am Strand liegt. *Beach Road | Tel. 023/244 00 83* | €€

## ÜBERNACHTEN

### LIVINGSTONE CLUB

Altes Resort mit viel Charakter. Der weiße Sandstrand und die nahe gelegenen Mangrovenwäldchen geben dem Platz eine besonders romantische Note. Schnorchelexkursionen, Bootstouren und Mountainbike-Ausflüge können organisiert werden. *40 Zi. | Tel. 023/244 00 59 80 | www.livingstone.ws* | €€

### PARADISE HOLIDAY RESORT

Moderne Hotelanlage mit allem Komfort. Viele Sportmöglichkeiten (u. a. Tennis, Tauchen, Fitness) und Unterhaltungsangebote. Der Strand ist makellos, das Personal hilfreich und freundlich. *90 Zi. | Tel. 023/244 01 36 | www.paradiseresort.net* | €€

# DARES-SALAAM

KARTE IN DER HINTEREN UMSCHLAGKLAPPE

[119 E6] **„Hafen des Friedens" bedeutet Daressalaam wörtlich übersetzt. Wenn man durch die von alten Kolonialhäusern bestandene Innenstadt läuft, kann man sich bis heute vorstellen, warum die erst 1860 entstandene Stadt so getauft wurde.** Das wahre tansanische Leben lernt man nirgendwo sonst im Land so gut kennen wie hier. Obwohl die Hafenstadt den Titel Hauptstadt an Dodoma im Zentrum Tansanias abgeben musste, werden alle politischen, wirtschaftlichen und intellektuellen Fäden bis heute in Dar gezogen. Nicht umsonst nennen Tansanier die Stadt auch „Bongo" – das Gehirn des Landes. Hier pulsiert das Leben, in tansanisch-gemütlichem Takt, versteht sich.

Im Herzen ist Dar eine Handelsstadt: Hier finden sich die größten Märkte, der stolzeste Hafen und Verkehrsverbindungen in alle Regionen des Landes. Fähren nach Sansibar fahren in Dar ebenso ab wie Züge zum Tanganyika-See oder ins südliche Nachbarland Sambia. Am mo-

## MARCO POLO HIGHLIGHTS

**★ Bagamayo**
Die alte Kolonialhauptstadt ist ein lebendiges Open-Air-Museum, Traumstrände inklusive (Seite 60)

**★ Tingatinga Arts Cooperative**
Afrikas Antwort auf Pop-Art: traditionell mit Fahrradlacken gemalte Tierbilder (Seite 67)

**★ Oyster Bay**
Nirgendwo ist Tansanias hektische Metropole Dar so relaxed wie an diesem Strand (Seite 68)

**★ Saadani National Park**
In Tansanias jüngstem Nationalpark geht die Safari am Strand weiter (Seite 71)

dernen Julius Nyerere Airport kommen bis heute die meisten internationalen Flüge nach Tansania an; vom nahe gelegenen alten Terminal starten die Propellermaschinen in die Nationalparks und zu den Inseln.

Indische, afrikanische und persische Händler haben überall in der Stadt ihre Läden und Stände. Während das Zentrum von Geschäftsleuten dominiert wird, findet in den grünen Vorstädten auf der *Msasani-Halbinsel* ein Großteil des Abendlebens statt. Afrikanischer geht es im Viertel *Kariakoo* und rund um die Universität zu. Die der Stadt zugewandte *Oyster Bay* ist der Ort, wo Dars Familien vor allem am Wochenende die Beine hochlegen, picknicken oder in die Fluten springen. Auch die Strände nördlich von Dar sind ein beliebtes Ausflugsziel von Einheimischen und Reisenden.

Anders als etwa Kenias Hauptstadt Nairobi ist Dar sicher genug, um sich nach Sonnenuntergang beruhigt ins Nachtleben zu stürzen. Nur die Strecken zwischen Restaurant, Hotel und Disko oder Bar sollten Sie nach Einbruch der Dunkelheit im Taxi zurücklegen, zumal die Fahrten innerhalb der Stadt selten mehr kosten als ein paar Tausend Schillinge.

## SEHENSWERTES

### ALTE BOMA [U C4]

Der massive Bau aus weiß getünchtem Korallenkalk ist das älteste Gebäude der Stadt. Errichtet wurde es als Gästehaus für den sansibarischen Sultan Madschid, dem Dar seine Existenz verdankt: Als Madschid die Bucht 1862 zum ersten Mal sah, verliebte er sich so sehr in ihre Schönheit, dass er kurz darauf in dem winzigen Fischerdorf, das hier stand, seinen Palast errichten ließ. Mit einem Festbankett ließ er 1867 Dar zur sansibarischen Hauptstadt küren. Doch 1870 starb der Sultan, und die Stadt verfiel, weil Madschids Nachfolger weiterhin auf Sansibar residieren wollte. Prächtigstes Stück der alten Boma, die gleich gegenüber des Fährhafens an der Ecke Morogoro Road/Sokoine Drive steht, ist bis heute die alte *Sansibar-Tür*.

### ASKARI-DENKMAL [U D4]

Das Denkmal erinnert an gefallene Soldaten *(askari)* im Ersten Weltkrieg. Es steht mitten auf einem der geschäftigsten Kreisverkehre und ist Dars bekanntester Treffpunkt. Rund um das Monument stehen eine Reihe pittoresker Kolonialbauten aus deutscher und britischer Zeit. *Samora Machel Avenue/Morogoro Road*

### KARIAKOO-MARKT [U A4]

Dars größter afrikanischer Markt ist eine chaotische Angelegenheit: In der wuselnden Menschenmenge, die sich um Stände jeder Art drängt, werden Gemüse und frisches Fleisch, Tücher, Kleidung und auch traditionelle Medikamente verkauft. Einfach in der bunten Menge treiben lassen und Wertgegenstände, Pass und Portemonnaie vorher sicher im Hotel verstauen. *Tgl. | Tandamuti Street*

### KIRCHEN [U D4]

Sieben Jahre nach der Ernennung Dars zur deutschen Kolonialhauptstadt (1898) gebaut, ist die *Lutherische Kirche (Sokoine/Azikiwe St.)* erst kürzlich frisch restauriert worden. Dem ersten deutschen Prachtbau folgte vier Jahre später die ein paar Blocks entfernt stehende, gotisch beeinflusste *St.-Josephs-Kathedrale (Sokoine/Bridge St.).*

**NATIONALMUSEUM UND HOUSE OF CULTURE** [U E3]

Hier ist fast die ganze Bandbreite tansanischer Geschichte abgebildet – von Archäologie bis zur bildenden Kunst. Das Museum beherbergt auch die berühmten Schädelfragmente des *Nussknackermenschen* aus der Olduvai-Schlucht. Mit dem 2010 neu eröffneten *House of Culture* wird die Vielfalt tansanischer und afrikanischer Kultur gewürdigt. Nur eine Gehminute entfernt liegt Daressalaams einzige grüne Oase, der *Botanische Garten. Tgl. 9.30–18 Uhr | Shaabani Robert Street | Eintritt 6500 TSh*

**VILLAGE MUSEUM** [0]

Herzstück des Freiluft-Museumsdorfes sind 16 nachgebaute Hütten, die einen guten Eindruck von den traditionellen Lebensweisen der verschiedenen Regionen Tansanias vermitteln. Am besten besuchen Sie das Dorf am Wochenende – mittags ab 14 Uhr werden dann traditionelle Tänze aufgeführt. *Tgl. 9.30–18 Uhr | Old Bagamoyo Road (etwa 10 km nördlich der Stadt) | Eintritt 2400 TSh zzgl. 2400 TSh für die Fotoerlaubnis*

## ESSEN & TRINKEN

**ADDIS IN DAR** [0]

Authentischer Äthiopier, bei dem die traditionellen Eintopfgerichte auf dem riesigen, runden Tef-Brot serviert werden. Zum Abschluss gibt es eine Kaffeezeremonie, bei der die Bohnen frisch geröstet und von

Die Lutherkirche mit ihrem ziegelroten Turmdach ist ein Wahrzeichen von Daressalaam

Weihrauch bedampft aufgegossen werden. *Ursino Street | Msasani | Tel. 0741/26 62 99* | €€

Insider-Tipp
**CITY GARDEN RESTAURANT** [U C4]
Das schönste Restaurant in der Innenstadt: Tische stehen im Garten verteilt oder im offen gestalteten Lokal, dessen Wände mit Fotos und Kunst geschmückt sind. Mediterran angehauchte Küche. Eine Spezialität sind die Fleischgerichte des Hauses. *Indira Ghandi Street/Gilkana Square | Tel. 022/213 42 11* | €€

**MASHUA WATERFRONT** [0]
Exzellente Fischgerichte, ein sehr guter Service und die große Terrasse mit Meerblick lassen keine Wünsche offen. *Slipway-Shoppingmall | Msasani | Tel. 022/260 09 08* | €€

**THE PUB** [0]
Die Kneipe sieht so aus, als habe der Besitzer sie direkt aus London nach Dar gebeamt – nur das Wetter ist besser. Außer frisch gezapftem Bier kann man sich hier seine Burger und Nudelgerichte selbst zusammenstellen. *Slipway-Shoppingmall | Msasani | Tel. 022/260 08 93* | €

**TRATTORIA JAN** [0]
Hier gibt es die besten Pizzen der Stadt, außerdem natürlich Pasta und frisch gegrilltes Fleisch. *Kimweri Avenue | Msasani | Tel. 0744/ 28 29 89* | €

## > BÜCHER & FILME

### Von Großwildjägern und Al-Kaida-Terroristen

- *Die Kinder der Regenmacher* – Im Hauptwerk von Aniceti Kitereza, einem der wichtigsten tansanischen Schriftsteller, geht es um die Liebe und das Leben eines kinderlosen Paares auf dem Land.
- *Eine Frage der Zeit* – Drei deutsche Werftarbeiter reisen nach Deutsch-Ostafrika, um im Auftrag des Kaisers ein Dampfschiff in Einzelteile zu zerlegen und auf dem Tanganyika-See wieder aufzubauen. Drama von Alex Capus nach einer wahren Geschichte.
- *Grund zur Hoffnung* – Autobiografie der Biologin Jane Goodall, die mehr als 30 Jahre lang Schimpansen im Gombe-Nationalpark erforscht hat.
- *Der Mann, der die Tiere liebte* – Lesenswerte Biografie von Claudia Sewig über Bernhard Grzimek.
- *Sansibar* – Moderner Politkrimi von Giles Foden, der die Trauminsel im Umfeld von islamischem Extremismus und den Al-Kaida-Anschlägen auf die US-Botschaften in Nairobi und Daressalaam von 1998 beschreibt.
- *Hatari!* – Regisseur Howard Hawks inszenierte den Klassiker 1962 als grandiosen Landschaftsfilm. Gedreht wurde u. a. in Arusha und der Farm Momella (heute Hatari Lodge).
- *Schnee auf dem Kilimandscharo* – Ernest Hemingway schrieb 1936 die Short Story über den Schriftsteller Harry, der zwischen Traum und Tod unterhalb des Kilimandscharo-Gipfels auf Rettung wartet. 1953 diente der Stoff als Vorlage für den Hollywoodklassiker *Schnee am Kilimandscharo* (mit Gregory Peck).

## EINKAUFEN

### MWENGE-MARKT [O]

Die größte Auswahl an Makonde-Schnitzereien, von Touristenstücken für wenige Euro bis hin zu Kunstwerken, die vierstellige Beträge wert sind. Besucher können den Schnitzern bei der Arbeit zusehen. Unbedingt handeln! *Old Bagamoyo Road (nahe Village Museum)*

### SLIPWAY-SHOPPINGMALL [O]

Modernes Einkaufszentrum unter freiem Himmel. Hier gibt es bedruckte T-Shirts in sehr guter Qualität (bei *Oneway*). *Novel Idea,* der beste Buchladen der Stadt, hat zahlreiche Bildbände und Landeskundliches vorrätig, vorwiegend in englischer Sprache. *Msasani-Halbinsel*

### TINGATINGA ARTS COOPERATIVE ★ [O]

Immer noch eine der besten Adressen für Afrikas Antwort auf Pop-Art: Hier verkauft die von Edward Tingatinga inspirierte Künstlerkooperative ihre mit Lack gemalten Bilder. Sie können den Künstlern bei der Arbeit zusehen, die meisten von ihnen sind auch für ein Gespräch zu haben. Außer den traditionellen Tiermotiven gibt es auch experimentellere Werke. *Tgl. 8.30–17 Uhr | Morogoro Store | Haile Selassie Road | Oyster Bay*

## ÜBERNACHTEN

### CORAL BEACH CLUB [O]

Hotelanlage mit Blick aufs Meer und den Yachtclub. Abends diniert man im weitläufigen Garten und in Strandnähe. *50 Zi. | Coral Lane, Msasani | Tel. 022/260 19 28 | www.coralbeach-tz.com* | €€

### PROTEA HOTEL OYSTERBAY [O] Insider Tipp

Für alle, die es geräumig mögen: In den zweigeschossigen Studios mit Bett auf der Empore kann man gemütlich ausspannen. *48 Zi. | Haile Selassie Rd./Ali Hassan Mwinyi Rd., Oysterbay | Tel. 022/266 66 65 | www.proteahotels.com/oysterbay* | €€

Korbflechter auf dem Markt von Dar

### THE SLIPWAY [O]

Einfache, saubere Zimmer in phantastischer Lage über dem Einkaufszentrum am Slipway-Anleger: Kneipen, Restaurants und Läden sind nur Minuten entfernt. *20 Zi. | Slipway Shopping Centre, Msasani | Tel. 022/260 08 93 | www.slipway.net* | €

**SOUTHERN SUN** [U E3]

Elegantes Businesshotel mitten in der Stadt. Für entspannte Atmosphäre sorgt der Botanische Garten, der direkt an den Hof des Hotels anschließt. *152 Zi. | Garden Avenue | Tel. 022/213 75 75 | www.southernsun.co.tz* | €€

Insider Tipp **SWISS GARDEN HOTEL** [U B1]

Gemütliche Pension in ruhiger, grüner Vorstadtumgebung unter schweizerischer Leitung. Die Zimmer sind ordentlich, die Preise für Dar unschlagbar günstig. Es lohnt sich, frühzeitig zu reservieren. *13 Zi. | Mindu Street | Upanga | Tel. 022/215 32 19 | www.swisshostel.net* | €

## STRAND

**OYSTER BAY** ★ [0]

Der der Innenstadt nächstgelegene Strand ist ein wunderbarer Ort, um den Tag an sich vorbeiziehen zu lassen und den Schiffen am Horizont zuzusehen. So entspannt geht es nirgends sonst in Dar zu. Im rustikalen *Coco Beach Club* gibt es außer Bier und frisch Gegrilltem auch einen riesigen Kinderspielplatz. *Am Ostufer der Msasani-Halbinsel | Taxi von der Innenstadt max. 5000 TSh*

Ganz relaxed: An der stadtnahen Oyster Bay entspannen auch die Massai gern

## AM ABEND

**BREAKPOINT OUTDOORS** [U D4]

Der Biergarten ist nicht weit vom Askari-Denkmal entfernt: Hier und im gemütlichen *Pearl Pub* gleich gegenüber ordern die Einheimischen am Abend nach getaner Arbeit ein kühles Kilimanjaro-Bier. *Indira Ghandi Street*

sider ipp

**DDC KARIAKOO ▶▶** [U A5]

Dars älteste Bar ist ein beliebter Treffpunkt mit vielen Livebands. *Taarab,* die arabisch beeinflusste Küstenmusik, gibt es jeden Di, andere Sounds Do und So. *Uhuru Street | Ilala*

**Q-BAR ▶▶** [0]

Eine der lebendigsten Kneipen in Dar mit Livemusik freitagabends. Hier feiern die jungen Mittelschicht-Tansanier, in der Stadt lebende Ausländer und Urlauber gemeinsam bis in die frühen Morgenstunden. *Haile Selassie Avenue | Msasani*

**SWEET EAZY ▶▶** [0]

Open-Air-Lokal im Obergeschoss der *Oyster-Bay-Shoppingmall.* Außer Livemusik und Getränken gibt es auch preiswerte und sehr gute afrikanische und Thaigerichte. *Toure Drive | Oyster Bay*

## AUSKUNFT

Eine funktionierende Touristenauskunft gibt es nicht. Aber die monatlich erscheinenden, kostenlosen Magazine „Dar es Salaam Guide" und „What's happening in Dar es Salaam" bieten außer vielen Kleinanzeigen das aktuelle Konzert- und Partyprogramm. Die Hefte liegen in fast allen Mittelklassehotels und Geschäften aus. In den Hotels bekommen Sie auch eine gute Auswahl an kleineren Stadtplänen.

## SAFARIVERANSTALTER

Daressalaam ist der Ausgangspunkt für Touren auf dem Southern Circuit in die südlichen Nationalparks (Selous, Saadani, Mikumi, Ruaha). Von hier gibt es die besten Anreisemöglichkeiten und entsprechend viel Auswahl und gute Preise. Zu den empfehlenswerten Veranstaltern gehören: *Coastal Travels | Upanga Road | Tel. 022/211 79 59 | www.coastal.cc* (gehört zu den erfahrensten Anbietern in dieser Ecke des Landes und hat eine eigene Fluglinie); *Kearsley Travel & Tours | Indira Ghandi Street | Tel. 022/211 49 62 | www.kearsleys.com* (individuell organisierte Safaris) und *Leopard Tours | Ohio Street (im Mövenpick Royal Palm Hotel) | Tel. 022/211 97 54 | www.leopard-tours.com* (bieten eine Vielzahl von ausgearbeiteten Safarirouten an).

## > LOW BUDGET

- Das *Luther House Hostel* gleich hinter der Lutherkirche bietet 16 zentral gelegene, saubere Zimmer für 25 Dollar die Nacht – rechtzeitig reservieren! *Tel. 022/212 62 47 | e.mail luther@simbanet.net*
- Entlang der Kivukoni Front und der Garden Avenue wird am Mittag an zahlreichen Ständen frisch gekocht: *Ugali* (Maisbrei) oder Reis mit Sauce füllen den Magen und kosten nur wenige Hundert Schillinge.
- *Dalla-dallas* fahren zwischen Msasani und der Innenstadt hin und her und kosten dabei ein Zehntel des Taxipreises. Nur empfehlenswert vor Einbruch der Dunkelheit!

## ZIELE IN DER UMGEBUNG

Insider Tipp

### BONGOYO ISLAND [119 E6]

Anders als an den meisten tansanischen Stränden, wo Schwimmen wegen gefährlicher Riffe nur bei Flut möglich ist, kann man auf der Dar vorgelagerten Insel Bongoyo zu jeder Tageszeit ins Wasser gehen. Die Fischer auf der beliebten Ausflugsinsel bereiten u. a. die besten *fish & chips* des Landes zu. *Boote von der Slipway-Shoppingmall fahren um 9.30, 11.30, 13.30 und 15.30 Uhr, zurück um 10.30, 12.30 und 14.30 Uhr | Kosten: 16 000 TSh*

Insider Tipp

### KIPEPEO BEACH ▶▶ [123 E2]

Die Küste südlich von Dar ist derzeit der angesagteste Strand mit viel Platz und lokalen Verkaufsständen, an denen frischer Fisch gebraten wird. Um nach Kipepeo zu kommen, nehmen Sie die *Kigamboni-Fähre,* die alle Viertelstunde im Hafen von Dar *(Ecke Ocean Road/Kivukoni Front)* ablegt. Das Taxi vom Anleger aus zum rund 8 km entfernten Kipepeo-Strand kostet etwa 20 000 Schillinge. Wer gern gehoben übernachtet, findet 25 km weiter südlich das exklusive *Ras Kutani Resort (12 Bandas | Tel. 022/213 48 02 | www.selous.com | €€€).* Die aus Naturmaterialien gebauten Häuser liegen großzügig zwischen Mangroven verteilt an einer paradiesisch anmutenden Lagune.

Insider Tipp

### KUNDUCHI [119 E6]

35 km nördlich von Daressalaam liegt Kunduchi, wo sich am Wochenende die Bewohner von Dar zum Schnorcheln, Schwimmen oder Sonnenbaden treffen. Das luxuriöse *Kunduchi Beach Resort (196 Zi. | Tel. 022/265 00 50 | www.kunduchiresort.com | €€€)* ist das schickste Hotel an diesem Teil der Küste und bietet auch für Nichtgäste ein Spa mit Meerblick, fünf Restaurants und eine große Strandbar. Zum Komplex gehört auch der *Wet And Wild Waterpark* mit Wasserrutschen und Spaßpool *(tgl. 8.30–18 Uhr | 5500 TSh).* Rustikaler ist die *Jangwani Sea-*

Ein Hippo macht sein Seepferdchen: Flusspferde im Saadani National Park

*breeze Lodge (34 Zi. | Tel. 022/264 72 15 | www.jangwani.com | €€)* – einfach einen Saft holen und sich damit an den Strand setzen.

# PANGANI

[119 E4] **Im 19. Jh. der Nabel des Sklaven- und Elefantenhandels, ist Pangani am Ufer des gleichnamigen Flusses heute ein verschlafenes Städtchen. Der Ort (10 000 Ew.) liegt abseits ausgetretener Touristenpfade und punktet mit breiten, weißen Traumstränden.** Außer sonnenbaden und schwimmen können Sie hier schnorcheln, Kajak fahren, mit einem Rad die Umgebung erkunden oder zum Tiefseefischen hinausfahren. Viele Hotels bieten Ausflüge per Boot und per Auto in die nähere Umgebung an. Einziger Nachteil: Die Küstenstraße, die Dar direkt mit Pangani verbindet, ist derzeit unterbrochen. So muss man für die Fahrt von Dar aus über Tanga (gut 500 km) einen langen Tag einplanen – mehr als von Moshi (400 km entfernt).

## ÜBERNACHTEN

### ARGOVIA TENTED CAMP

Großzügiges Zeltcamp auf einer Klippe über der Mkoma-Bucht, nördlich von Pangani. Deutsche Betreiber. *12 Zelte | Tel. 027/263 00 00 | www.argovia-lodge.com | €*

### THE TIDES

Relaxen pur an einem der schönsten Strände der Nordküste. Das Resort in Ushongo (südlich von Pangani) ist berühmt für die Meeresfrüchte, von den britischen Betreibern gekonnt zubereitet. *9 Chalets | Tel. 0784/22 58 12 | www.thetideslodge.com | €€*

## ZIEL IN DER UMGEBUNG

### SAADANI NATIONAL PARK ★ [119 E5]

Tansanias jüngster Nationalpark (ca. 1100 km²) liegt zwischen dem Indischen Ozean im Osten und dem Wami-Fluss im Süden. Palmenbestandene Strände wechseln sich mit Akazien und dichtem Busch im Binnenland und dichten Mangroven entlang des Wami ab. Eine Flussfahrt auf dem Wami gehört zu den Highlights in dem einzigartigen Mischbiotop: außer Flusspferden und Krokodilen versammeln sich dort Hunderte von Vogelarten. Trotz seiner geringen Größe leben in Saadani auch Antilopen, Giraffen, Elefanten und Raubkatzen. Einzigartig: Am frühen Morgen können Sie im Sandstrand die Fußspuren der Tiere entdecken – und mit viel Glück sogar im Meer badende Elefanten beobachten.

Eine traumhafte Unterkunft ist die *Saadani Safari Lodge (10 Zelte | Tel. 022/277 32 94 | www.saadanilodge.com | €€€)* mit ihren Räumen aus Segeltuch und Holz. Eine zweite, ebenso luxuriöse Übernachtungsmöglichkeit bietet der Safariveranstalter *A Tent With A View (8 Zelte | Tel. 022/211 05 07 | www.saadani.com | €€€)*. Beide Anbieter organisieren außer Bootstouren auch Spaziergänge mit einem bewaffneten Ranger und Kanutrips.

Die Anreise ist nur von Pangani aus möglich: Von dort führt die Küstenstraße bis zum Parkgate ca. 100 km südlich. Wer von Dar kommt, muss den Umweg über Pangani fahren, weil der Wami-Fluss nicht überquert werden kann. *Eintritt pro Tag 20 US$ | Auto 40 US$*

# > TANSANIAS TRAUMINSELN IM INDISCHEN OZEAN

Palmen, Meer und viel Geschichte: Sansibar ist ein Urlaubsparadies voller Exotik

**> Kaum ein anderer Name in Afrika beflügelt die Phantasie so sehr wie dieser: Sansibar, das ist der Duft von exotischen Gewürzen. Das sind orientalische Basare und der Pomp der Sultane. Das ist türkisblaues Meer und das Prickeln von Salz auf sonnengebräunter Haut.**

Das Flair dieser Inselgruppe vor der Ostküste Afrikas ist unvergleichlich. Eine jahrhundertealte Mischung aus arabischen, indischen, persischen, afrikanischen und europäischen Einflüssen schlägt sich in Architektur, Kunst, Küche und Mentalität nieder. Händler aus dem Orient segelten schon im 7. Jh. nach Sansibar. Mit dem Volk der Suaheli, die seit Jahrhunderten eine prächtige Zivilisation aufgebaut hatten, handelten sie Gold, Elfenbein, Tierfelle und Gewürze. Damit und mit dem Verkauf von Sklaven erlangten die Inseln schier unermesslichen Reichtum und einen sagenhaften Ruf.

Bild: Strand auf Sansibar

# SANSIBAR

Sayyid Said, der erste Sultan von Sansibar, prägte den Archipel nachhaltig. Der geschäftstüchtige Herrscher führte intensive Handelsbeziehungen mit Europa. Exotische Gewürze der damaligen Zeit waren meist Sansibar-Importe: etwa Vanille, Pfeffer oder Gewürznelken. Einer der Söhne des Sultans ließ später einen Großteil der Stone Town bauen, Sansibars berühmtes historisches Zentrum auf der Hauptinsel.

Das Reich der Sultane von Sansibar ist längst Vergangenheit, den letzten stürzte man 1964 in einer blutigen Revolte, bei der knapp 20 000 wohlhabende Araber von Aufständigen getötet wurden. Was folgte, war noch in demselben Jahr ein Zusammenschluss mit dem Festland zum Bundesstaat der Republik Tansania mit halbautonomem Status. Die Inselgruppe besteht aus der Hauptinsel Sansibar und der kleineren Insel

Pemba. Die Einheimischen nennen die Hauptinsel Sansibar übrigens *Unguja*, um sie von der gleichnamigen Inselhauptstadt sowie von der Inselgruppe zu unterscheiden.

Den Opfern des Sklavenhandels gewidmet: Denkmal vor der Anglikanischen Kathedrale

Rund 1 Mio. Menschen wohnen auf den Inseln, darunter Afrikaner, Inder, Perser und Araber. Über 95 Prozent der Bevölkerung sind Muslime. Obwohl der auf Sansibar praktizierte Islam als gemäßigt gilt, sollten Touristen sich anpassen. Vor allem in der Stone Town sollten Frauen auf beinfreie und ärmellose Kleidung verzichten. Im Fastenmonat Ramadan ist Essen und Trinken in der Öffentlichkeit tagsüber tabu.

Was immer Sie auf dem Inselarchipel unternehmen wollen: Dreh- und Angelpunkt ist Sansibar-Stadt. Hier werden Sie ankommen, von hier aus starten alle weiteren Touren. Deshalb beginnt dieses Kapitel – abseits der alphabetischen Reihenfolge – mit der Hauptstadt Sansibars.

## SANSIBAR-STADT

**KARTE DER STONE TOWN AUF SEITE 125**

[124 A4] **Wenn Sansibar-Stadt das Herz des Inselreichs ist, dann ist die Stone Town seine Seele. Ein Spaziergang durch die Steinstadt ist wie eine Zeitreise zurück in die Welt der Sultane und Kalifen.** In der Hauptstadt Sansibars (200 000 Ew.) konzentrieren sich nahezu alle Sehenswürdigkeiten und Hotels auf die historische Altstadt, die Stone Town, die am Meer liegt und innerstädtisch an der Creek Road endet. Jenseits dieser Straße (und der Jamhuri Gardens) steht das neue Sansibar, das Touristen nur selten zu Gesicht bekommen: Hier wohnt die Masse der Bevölkerung, unter anderem in realsozialistischen Wohnblocks, die von ostdeutschen Freundschaftsbrigaden in den 1960ern für das Bruderland Tansania gebaut wurden – ein ernüchternder Anblick! Im Norden von Sansibar-Stadt liegt der Hafen, von dem aus die Fähren u. a. nach Daressalaam und nach Pemba verkehren.

Die ★ *Stone Town* selbst ist ein einzigartiges Architekturdenkmal, das zum Weltkulturerbe zählt. Lassen Sie sich beim Besuch ziellos treiben: Mehr als 2000 fast durchgehend weiß gekalkte Steingebäude säumen die Gassen der Altstadt. Achten Sie auf die mit schweren Metallbeschlägen versehenen Haustüren oder Portale, die oft mit Gravuren verziert sind. Traditionell wurden beim Hausbau die Türen als Erstes errichtet: Je größer und je reicher verziert, desto reicher und wichtiger war der Eigentümer. Zitate aus dem Koran und die Symbolik geben weitere Einblicke in das Leben des Erbauers: Eine Dattelpalme etwa steht für Überfluss.

## SEHENSWERTES

### ALTES FORT [125 E4]

Als Zeichen ihres Siegs über die Portugiesen im Jahr 1698 bauten die omanischen Herrscher diese Trutzburg mit meterdicken Wänden aus Korallenkalk auf den Überresten der letzten portugiesischen Kirche. Heute finden im Innenhof mehrmals wöchentlich Konzerte oder andere Aufführungen statt. Gegen eine Spende können Sie das Fort besichtigen. Dahinter gibt es in den Gassen zahlreiche Souvenirläden (hier muss gehandelt werden). *Mizingani Road*

### ANGLIKANISCHE KATHEDRALE [125 F4]

Wo heute die imposante Kathedrale mit ihrem zinnenbewehrten Dach und

## MARCO POLO HIGHLIGHTS

**★ Stone Town**
In den engen Gassen ist alles noch so wie vor Jahrhunderten (Seite 75)

**★ Tower Top Restaurant**
Den besten Überblick über Stone Town hat man von hier oben (Seite 78)

**★ Gewürztour**
Sehen, wo der Pfeffer wächst – und wo Sansibars Reichtum herkam (Seite 78)

**★ Tauchen in Nungwi**
Für Einsteiger und Fortgeschrittene: Die Unterwasserwelt vor der nördlichen Spitze Sansibars ist einfach traumhaft (Seite 85)

**★ Fundu Lagoon**
Sonnenbaden auf Pemba: In diesem Luxusresort sollten Sie sich eine wohltuende Massage mit Meerblick gönnen (Seite 89)

[redacted]

Sultan Barghash sich und seiner Stadt 1883 ein einmaliges Denkmal setzen: Nicht nur das größte, sondern auch das modernste in ganz Ostafrika sollte es werden. Das gelang ihm, auch dank damals noch weitgehend unbekannter „Wunder“: fließendes Wasser, elektrischer Strom und sogar ein Aufzug. Heute beherbergt Beit al-Ajaib das *Museum für die Geschichte und Kultur* Sansibars. *Tgl. 9–17.30 Uhr | Mizingani Road | 3000 TSh*

**HAMAMNI** [125 E4]

Die persischen Bäder, angelegt im späten 19. Jh., finden sich mitten in Stone Town und wurden aus den Gewinnen des Sklavenhandels finanziert. Seit 1920 sind sie außer Betrieb, doch der gegenüber den Bädern lebende Aufseher kann Besucher herumführen und ein wenig über die Geschichte erzählen. *Nahe der Kajifichenii Street | 2000 TSh*

**MARKT** [125 F4]

Sansibars größter Markt, *Darajani Market,* ist spätestens ab 9 Uhr früh ein chaotisches Getümmel von Far-

Vitamine frisch vom Baum: ein Obststand auf dem Darajani-Markt

ben, Stimmen und Gerüchen. In den Hauptgebäuden von 1904 werden Fisch und Fleisch verkauft (nichts für sensible Nasen), gleich dahinter sammeln sich die Obst-, Gemüse- und Gewürzhändler. Auch sonst gibt es hier von Socken bis zum Fernseher alles zu kaufen, was der Mensch zum Leben braucht. *Creek Road*

**PALASTMUSEUM** [125 E3–4]
Der ehemalige Sultanspalast *(Beit al-Sahel)* beherbergt heute eine Ausstellung über die Geschichte des Sultanats im 19. und 20. Jh. Das Museum zeigt Prunk und Preziosen der Sultansfamilie, darunter kostbare Möbel und Gemälde. Ein Raum erinnert an Prinzessin Salme (1844–1924), die der Liebe wegen nach Deutschland floh (s. Seite 79). *Tgl. 9–18 Uhr | Mizingani Road | 3000 TSh*

**TIPPU TIPS HAUS** [125 D4]
Tippu Tip war in der zweiten Hälfte des 19. Jhs. der reichste Sklavenhändler Ostafrikas. Sein Einfluss reichte bis weit in den Kongo hinein, von wo Karawanen ihn mit Nachschub versorgten. Das Haus legt ein Zeugnis ab von Tips legendärem Reichtum: Das Eingangsportal ist eines der schönsten der Stadt, mit Treppenstufen aus feinstem Marmor. Das Haus ist bewohnt und kann nur von außen betrachtet werden. *Suicide Alley*

## ESSEN & TRINKEN

**LA FENICE** [125 D5]
Pasta mit Blick aufs Meer: Serviert werden erstklassige italienische und Suaheli-Küche, außerdem echt italienisches Eis. Großer Innenhof. *Shangani Road* | €€

**FORODHANI GARDENS** [125 D–E4] Insider Tipp
Wenn die Sonne im Indischen Ozean untergeht, verwandelt sich der Park gegenüber des Beit al-Ajaib in ein

Blick in den Innenhof des Beit al-Ajaib

Labyrinth aus Marktständen, an denen alle Arten von Fleischspießchen, Meeresfrüchten, Pfannkuchen und anderen frisch zubereiteten Leckereien zu kleinen Preisen verkauft werden. *Mizingani Road* | €

**LIVINGSTONE BEACH RESTAURANT** [125 D4]
Strandrestaurant mit internationaler Küche. Die Tische stehen im Sand

nahe dem Bootsanleger. *Kenyatta Road | Tel. 0773/16 49 39 | €€*

**TOWER TOP RESTAURANT** ★ [125 E4]
Speisen mit Aussicht auf Moscheen, Tempel und Paläste: Das Open-Air-Restaurant bietet einen eindrucksvollen Blick über die Stadt und abwechslungsreiche Menüs. Die Gäste sitzen auf Teppichen und Kissen, dazu spielen lokale Musiker. Im *Kidude-Restaurant* ein paar Stockwerke tiefer fehlt der Blick, dafür wird à la carte serviert. *Im Emerson & Green Hotel | 236 Hurumzi Street | Tel. 0777/42 32 66 | €€€*

## ÜBERNACHTEN

Insider Tipp
**236 HURUMZI** [125 E4]
Das Hotel erstreckt sich über zwei historische Gebäude aus dem 19. Jh. Die Zimmer sind mit antiken Möbeln, Kunst und Artefakten geschmackvoll gestaltet. Das Frühstück wird im Tower Top Restaurant serviert. *16 Zi. | 236 Hurumzi Street | Tel. 0777/42 32 66 | www.emerson-green.com | €€€*

**AFRICA HOUSE** [125 D5]
Früher logierte hier der „British Club". Inzwischen ist das 1888 eröffnete Haus ein (frisch renoviertes) Hotel, das seinen Kolonialstil pflegt. Die Balkonbar mit Blick aufs Meer ist Sansibars schönster Platz für einen *sundowner*. Insider Tipp *15 Zi. | Suicide Alley | Tel. 0744/43 23 40 | www.theafrica house-zanzibar.com | €€€*

**CLOVE HOTEL** [125 E4]
Wundervoll restauriertes Wohnhaus im Herzen von Stone Town. Von der großzügigen Dachterrasse, auf der das Frühstück serviert wird, reicht der Blick über das Gewirr der Steinstadt bis hinüber zum Meer. *8 Zi. | Hurumzi Street | Tel. 0777/48 45 67 | www.zanzibarhotel.nl | €*

**ZANZIBAR COFFEEHOUSE HOTEL** [125 F4] Insider Tipp
Gemütliches Hotel in einem arabischen Haus von 1885 mit sieben sehr stilvoll eingerichteten Zimmern. Frühstück servieren die Schweizer Eigentümer auf dem Dach, im Erdgeschoss ist ein Café untergebracht. *Mkunazini Street | Tel. 024/223 93 19, mobil 0773/06 15 32 | www.riftval ley-zanzibar.com | €€*

## EINKAUFEN

**MOTO HANDICRAFTS** [125 E4]
Körbe, Matten und mehr: Hier verkauft eine Kooperative von Kunsthandwerkerinnen ihre traditionell gefertigten Waren. *Hurumzi Street*

**ZANZIBAR GALLERY** [125 D4]
Sansibars größter Souvenirshop. Die Auswahl ist gut, die Preise sind allerdings hoch. Um die Ecke hat die Gallery einen eigenen Buchladen, den *Gallery Bookshop. Kenyatta Road*

## FREIZEIT & SPORT

**GEWÜRZTOUR** ★ [0]
Nelken, Muskatnuss, Pfeffer, Vanille und andere exotische Gewürze machten Sansibar reich. Die Ernten wurden in alle Welt verschifft – und die Plantagen existieren bis heute. Eine Gewürztour, bei der Sie die einzelnen Pflanzen (auch Heil- und andere Nutzpflanzen) kennenlernen, ist ein besonderes Erlebnis. Nebenbei erfahren Sie Wissenswertes über das

Alltagsleben der Bevölkerung. Die Tour dauert einen halben Tag, Obstbuffet und ein Mittagessen im Suaheli-Stil sind im Preis inbegriffen. Wer mehr Zeit hat, kann auf dem Rückweg die *Sklavenhöhle in Mangapwani* besuchen, die nach Verbot des Sklavenhandels als Versteck genutzt wurde. Zu den besten Anbietern einer Gewürztour gehören *Eco + Culture Sansibar | gegenüber 236 Hurumzi Hotel | Hurumzi St. | Tel. 0777/41 08 73, 0777/46 26 65 | Preis 30 US$* und *Mitu Tours | neben Ciné Afrique | Malawi Road | Tel. 024/223 46 36 | Preis 15 US$.*

Immer der Nase nach: Der Anbau duftender Gewürze hat auf Sansibar eine lange Tradition

**MREMBO TRADITIONAL SPA** [125 E4] Insider Tipp

In diesem Studio, gelegen in einem ehemaligen Antiquitätenladen, gibt es Wellness auf Sansibarisch: aus lokalen Zutaten frisch gemischte Cremes und Pasten (Sie können zusehen), die von ausgebildeten Masseuren sanft einmassiert werden. Neben der Singo genannten Schönheitsbehandlung, die auch sansibarischen Frauen vor der Hochzeit zuteil wird, gibt es Sandmassagen und andere inseltypische Behandlungen. *Cathedral Street, Baghani | Tel. 0777/ 43 01 17*

**PRINZESSIN-SALME-TOUR** [0] Insider Tipp

Niemand hat auf Sansibar je für einen solchen Eklat gesorgt wie Prinzessin Salme: Die Tochter des Sultans verlor ihr Herz an den deutschen Kaufmann Heinrich Ruete und floh im Alter von 22 Jahren mit ihm nach

Deutschland. So groß war die Aufregung, dass Großbritannien vorsorglich ein Kriegsschiff nach Sansibar verlegte. In Deutschland hatte Salme unter dem bürgerlichen Namen Emily Ruete drei Kinder, sie starb 1924 in Jena. Eine liebevoll gestaltete Tour, organisiert vom *Mtoni Marine Hotel (Tel. 024/225 01 40 | www.mtoni.com)*, zeichnet die ersten Lebensjahre der Prinzessin nach – von den Ruinen des Palasts in Mtoni, wo sie geboren wurde, über das Haus von Salmes Cousine bis zu einer Gewürzfarm. Hier endet die Führung mit einer Gewürztour. Die auf Deutsch geschriebenen Memoiren Salmes sind überall auf Sansibar erhältlich.

## AM ABEND

**DHARMA LOUNGE ▶▶** [125 D4]

Cocktails, gute Musik und eine stets volle Tanzfläche machen die Lounge zum derzeit angesagtesten Partyplatz auf der Insel. *Vuga Road, Shangani*

**MERCURY'S ▶▶** [125 E–F3]

Strandkneipe mit Pizzeria, im Gedenken an Freddie Mercury eingerichtet. Der Queen-Sänger wurde am 5. September 1946 als Faroukh Bulsara auf Sansibar geboren. Als er acht war, floh seine Familie nach England; der wohl berühmteste Sohn der Insel kehrte nie zurück. Zu Freddies Geburtstag gibt es hier stets eine große Party. *Tgl. ab 9.30 Uhr | Mizingani Road*

Ein grün-weißes Paradies mitten im Indischen Ozean: Mafia Island

## ZIELE IN DER UMGEBUNG

Insider Tipp

### CHUMBE ISLAND [124 A5]

Weil die Insel lange Sperrgebiet war und das nahe Riff als Nationalpark geschützt wurde, ist es das einzige Atoll auf dieser Seite der Insel, das noch nicht leer gefischt oder zerstört ist. Hier leben neben 60 Vogelarten auch gigantische, rot leuchtende Krebse, genannt „Palmendiebe". Die Tiere, die eine Spannweite von einem Meter erreichen können, klettern an Palmen hoch, um die Kokosnüsse in den Wipfeln zu knacken.

Die von einer Deutschen geführte *Chumbe Island Lodge (7 Zi. | Tel. 024/23 10 40 | www.chumbeisland.com | €€€)* ist ein romantisch verwunschener Ort; ein Ökocamp, in dem Regenwasser verwertet und Sonnenenergie genutzt wird. Die Hütten sind wunderbar offen – genau richtig für eine Trauminsel. *Zwischen Mitte April und Mitte Juni geschl. | Anfahrt mit dem Boot von Stone Town*

Insider Tipp

### MAFIA ISLAND [123 E–F 3]

Kokospalmen, Cashewhaine, azurblaues Wasser und weiße Sandbänke: Erstaunlich, dass die 20 km lange und 8 km breite Insel bis heute ein Geheimtipp geblieben ist. Von Mafia lernen Besucher meist die robinsonartigen Unterkünfte im Luxussegment kennen, die sich um Insider Tipp die phantastischen Strände rund um Chole Bay sammeln. Das Inselinnere ist hingegen touristisch kaum erschlossen. Zu den ungewöhnlichsten Strandunterkünften auf Mafia zählt *Chole Mjini* – hier schlafen Sie im Baumhaus, und statt Strom gibt es Paraffinlampen. *(7 Zi. | Tel. 0784/52 07 99 | www.cholemjini.com | €€€)*

Mafia ist mit dem Flugzeug von Sansibar-Stadt aus erreichbar. Flugverbindungen bestehen außerdem von Daressalaam, von den Safarirouten im Norden und dem Nationalpark Ruaha. Regulären Schiffsverkehr gibt es keinen.

# MATEMWE & UMGEBUNG

[124 B2] **Die Strände zwischen Nungwi im Norden und den Mangrovenwäldern von Chwaka im Süden gehören zu den schönsten der Insel. Bei Ebbe zieht sich das kristallklare Meer oft weit zurück. Dann können Sie bis zum Riff hinauslaufen.** Der Strand von Matemwe liegt mittendrin im Paradies: Kein Wunder, dass sich hier und an den umliegenden Stränden die besten (und teuersten) Hotels der Insel sammeln. Günstige Unterkünfte sind selten. Wer an diesem Abschnitt der nördlichen Ostküste Urlaub macht, wählt in der Re-

## > LOW BUDGET

- > Nichts schlägt auf Sansibar so sehr aufs Portemonnaie wie Unterkünfte. Im *Haven Guest House (Stone Town, nahe Soko Muhogo Street | Tel. 024/223 56 77)* können Sie schon für 15 000 Schillinge in einem der einfachen Zimmer übernachten.
- > *Dalla-dallas* sind auf Sansibar im Regelfall besser in Schuss als auf dem Festland. Wer am Transport sparen will, kann vom *Darajani-Busbahnhof (Creek Road, Stone Town)* für ein paar Tausend Schillinge praktisch alle Ziele auf der Insel erreichen.

gel ein Resort als Basis: Restaurants, Sehenswürdigkeiten oder von Hotels unabhängige Infrastruktur gibt es rund um Matemwe kaum.

Freizeitangebote, u. a. zwei eigene *dhows* für Segeltouren. *12 Zi.* | *Tel. 0777/41 48 34* | *www.asilialodges.com* | €€€

Statt Bodenturnen: Kinder üben sich auf Pwani Mchangani im Palmenklettern

## ÜBERNACHTEN

### KEYS BUNGALOWS

Die einfachen und liebevoll gestalteten Bungalows stehen in einem üppigen Garten. An der dazugehörigen Strandbar, einer umgebauten *dhow*, wird entspannter Reggae gespielt und warmes Bier serviert. *4 Zi.* | *Tel. 0777/41 17 97* | €

### MATEMWE BUNGALOWS

Die weiß gekalkten Cottages liegen auf einem Kliff über dem Meer, bei schönem Wetter reicht der Blick bis nach Mnemba Island. Individuelle Einrichtung, toller Service und viele

## STRÄNDE

Wer auf der Küstenstraße von Matemwe nach Süden fährt, erreicht einen Traumstrand nach dem anderen – aufgereiht wie auf einer Perlenkette.

### KIWENGWA

Der südlich von Pwani Mchangani gelegene Strand ist in der Hand italienischer Pauschaltouristen in ihren Resorts. Die Küste macht das nicht weniger atemberaubend, und außerhalb der Anlagen geht das Leben seinen normalen Gang. Ein Highlight ist das *Shooting Star (16 Zi.* | *Tel. 0777/41 41 66* | *www.zanzibar.org/*

*star* | €€€), zu Recht ein Lieblingsplatz von Hochzeitsreisenden: So romantische Hütten wie diese auf einem Kliff mit weitem Blick über den Strand von Kiwengwa finden Sie kaum irgendwo sonst.

### PONGWE

Entlang einer sanft geschwungenen Bucht (gut 10 km südlich von Kiwenga) liegt der Strand dieses kleinen Fischerdorfs, in dem Touristen noch eine Nebenrolle spielen. Insider Tipp Das *Pongwe Beach Hotel* (*16 Zi.* | *Tel. 0784/ 33 61 81* | *www.pongwe.com* | €€) ist umgeben von Palmen, zwischen denen Hängematten am Strand baumeln (mit Pool). Die eigene *dhow* bringt Urlauber bis zum nahen Riff.

### PWANI MCHANGANI

An diesem Strandabschnitt wenige Kilometer südlich von Matemwe sammeln Frauen und Kinder zwischen Dezember und Februar in den Fluten das Seegras, das dann massenhaft angespült wird. Die Männer fischen und verkaufen ihre Ausbeute auf dem größten Fischmarkt der Region: Der Strand steht im Mittelpunkt des Lebens. Perfekter Aufenthaltsort ist die *Mchanga Beach Lodge* (*8 Zi.* | *Tel. 0773/95 23 99* | *www.mchangabeachlodge.com* | €€€): Insider Tipp deutsch-amerikanische Leitung, liebevoll gestaltete Zimmer und Suiten, guter Service, Tauchzentrum in der Nähe.

## NUNGWI

[124 B1] **Das Fischerdorf an der Nordspitze Sansibars verdankt seine Beliebtheit dem atemberaubenden Strand. Hier wird – für sansibarische Verhältnisse – laut und ausgelassen gefeiert.** Einfache Strandbars, günstige Hostels und Reggae beherrschen die Atmosphäre am westlich des Dorfs gelegenen ▶▶ *West Beach* und dem sich südlich anschließenden ▶▶ *South Beach*. Tagsüber bieten Frauen an dem schmalen, aber dennoch traumhaft weißen Strand Hennamalereien, Zopfflechten und Massagen an. Anders als an der Ostküste hält sich der Tidenhub hier in Grenzen: Man kann zu jeder Tageszeit vom Ufer aus losschwimmen. Für Schnorchler, Tau-

## > BLOGS & PODCASTS

*Gute Tagebücher und Files im Internet*

> *http://amateurtraveler.com* – Podcasts (Audio und Video, auf Englisch) mit ganz persönlichen Reisegeschichten aus aller Welt, darunter auch aus Tansania und Sansibar.

> *www.oneplanetmedia.de* – Blog des Autors mit aktuellen Berichten aus Tansania und den Nachbarländern.

> *www.zgf.de* – Die Frankfurter Zoologische Gesellschaft, seit Bernhard Grzimek in Tansania aktiv, bloggt unter anderem aus der Serengeti.

> *www.janegoodall.org* – Die Stiftung der Forscherin Jane Goodall berichtet aktuell aus Gombe und bietet Wissenswertes zu den Primaten.

Für den Inhalt der Blogs & Podcasts übernimmt die MARCO POLO Redaktion keine Verantwortung.

cher und Hochseeangler ist Nungwi eine beliebte Basis.

Lange bevor die Touristen kamen, war der Ort hauptsächlich als Zentrum der *dhow*-Fertigung bekannt. Gebaut wird heute immer noch: Am

In Nungwi wissen die Bootsbauer noch, wie man einen Kiel ohne Nägel fertigt

Insider Tipp Dorfstrand können Sie den Bootsbauern bei der Arbeit zusehen und die traditionellen Schiffe in ihren unterschiedlichen Stadien – vom Holzskelett bis zum fertigen Schiff – bewundern. *Dalla-dallas verbinden Stone Town und Nungwi | Fahrtzeit ca. 2 Std. | Preis 2000 TSh*

## SEHENSWERTES

### MNARANI NATURAL AQUARIUM

Im nicht weit vom Leuchtturm angelegten Becken, in das bei Flut Meerwasser schwappt, leben Meeresschildkröten als Teil eines Schutzprogramms. Bis Anfang der 1990er wurden die bedrohten Tiere noch gejagt – jetzt markieren und bewachen Dorfbewohner die Stellen am Strand, an denen die Schildkröten ihre Eier ablegen. Im naturbelassenen Aquarium werden die geschlüpften Jungtiere aufgezogen, bis sie zehn Monate alt sind und ins Meer gelassen werden können – mit deutlich erhöhter Überlebenschance. *Tgl. 9–18 Uhr | 2500 TSh*

## ESSEN & TRINKEN

### FAT FISH RESTAURANT ▶▶

Frisch gefangener Fisch, zubereitet nach Wunsch, ersetzt die Karte in diesem gemütlichen Strandlokal mit großer Strandterrasse. *South Beach | €*

### MARHABA RESTAURANT

Hier gibt es den besten Cappuccino von Nungwi, zusammen mit ausgiebigem Frühstück oder Kuchen. Abends wandelt sich das Café in ein Restaurant mit Suaheli-Küche. Von der großzügigen Holzterrasse genießt man den Seeblick. Kein Alkohol. *West Beach, nahe Langi Langi* | €€

### SUNSET RESTAURANT

Fisch und Meeresfrüchte unter einem großen Strohdach direkt am Strand. Einer der wenigen Plätze mit einer Weinkarte. *South Beach, nahe Baobab Beach Bungalows* | €

## ÜBERNACHTEN

### FLAME TREE COTTAGES

Insider Tipp

Familiär: In den Zimmern und Cottages des britisch-sansibarischen Besitzerpaars fühlt man sich wie zu Hause. Im Garten sind Hängematten verteilt, und wer möchte, kann mit dem Boot zum Schnorcheln fahren. *13 Zi. | West Beach, am Dorfrand | Tel. 024/224 01 00 | www.flametreecottages.com* | €€

### MNARANI BEACH COTTAGES

Mnarani bedeutet auf Suaheli so viel wie „neben dem Leuchtturm". Und genau dort (neben einem weißen Traumstrand) stehen die Cottages und Häuser in einem tropischen Garten. Am ruhigeren Ostufer von Nungwi gelegen, ist Mnarani Beach der ideale Platz zum Ausspannen. *37 Zi. | Tel. 024/224 04 94 | www.lighthousezanzibar.com* | €€

### RAS NUNGWI BEACH HOTEL

Entspanntes Resort am südlichen Ende von Nungwis Ostküste: himmlisch eingerichtete Cottages, Sonnendeck am Strand, Spa. Angeboten werden eigene Schiffstouren, erstklassige Tauchschule und Hochseeangeln. *32 Zi. | Tel. 024/223 37 67 | www.rasnungwi.com* | €€€

## AM ABEND

### CHOLO'S BAR ▶▶

Hier gibt es (Reggae-)Musik und Bier unter Palmen, und zwar rund um die Uhr. Abgesehen davon, dass immer gefeiert wird, ist wenig vorhersagbar. Mal wird spontan gegrillt, oft werden nach Sonnenuntergang große Feuer angezündet. *West Beach*

## FREIZEIT & SPORT

Die türkis leuchtenden Fluten rund um die nördliche Landspitze von Nungwi laden selbst Sportmuffel ein, sich im Wasser zu vergnügen. Wer lieber trocken bleibt, kann mit einem Kanu die Strände an der Westküste erforschen. *Adam's Canoe Rentals (nahe Union Bungalows | Tel. 0754/94 95 78)* verleiht geeignete Kanus für 10 Dollar pro Person und halben Tag. Auch Segeln und Hochseefischen sind möglich.

### TAUCHEN IN NUNGWI ★

Zahlreiche Tauchschulen in Nungwi vermieten Equipment und bieten Kurse und Exkursionen an, etwa zum herrlichen *Korallenatoll Mnemba* vor Sansibars Ostküste. Das *East Africa Diving & Watersport Centre (West Beach | Tel. 0777/41 64 25 | www.diving-zanzibar.com)* ist die älteste Tauchschule vor Ort und hat einen exzellenten Ruf. Alternativ bietet auch *Zanzibar Watersports (Paradise Beach Bungalows | Tel. 0773/*

*16 58 62 | www.zanzibarwatersports.com)* das volle Programm. Beide Schulen sind PADI-zertifiziert.

## ZIEL IN DER UMGEBUNG

**KENDWA** [124 B2]

Der weiße Strand von Kendwa (4 km südlich von Nungwi) bietet vor allem eines: viel Ruhe. Von Nungwi aus erreicht man ihn (bei Niedrigwasser) zu Fuß oder mit dem Boot. Wer länger bleiben will: Das *Kendwa Rocks Resort* (Insider Tipp) *(35 Zi. | Tel. 0777/41 54 73 | www.kendwarocks.com | €)* ist eine entspannte Ansammlung von Bungalows am Strand.

# PAJE

[124 C5] **Der Ort (3500 Ew.) ist 52 km von Stone Town entfernt und das Zentrum der südlichen Ostküste.** Wie an den Stränden weiter nördlich, bestimmen auch hier die Gezeiten, wann man strandnah schwimmen kann. Seinen früheren Ruf als Backpacker-Ort hat Paje abgelegt: Heute geht es zwischen den Kokosnusspalmen deutlich ruhiger zu als noch vor zehn Jahren.

## ÜBERNACHTEN

**HAKUNA MAJIWE LODGE**

Komfortabel ausgestattete Bungalows, von denen jeder Zweite Blick aufs Meer hat. Große Sonnenschirme aus Stroh spenden Schatten am Strand. Gute italienische Küche. *20 Bungalows | Tel. 0777/45 45 05 | www.hakunamajiwe.net | €€€*

**KITETE LODGE**

Neue Villen mit Meerblick und großzügigen Zimmern. Im angeschlossenen Galawa-Restaurant wird frischer Hummer serviert. *21 Zi. | Tel. 024/ 224 02 26, mobil 0715/44 47 37 | www.kitetebeach.com | €€*

**PARADISE BEACH BUNGALOWS**

Einfache, von Japanern betriebene Bungalows in Strandnähe. Das Restaurant serviert günstige und gute Menüs (auch Sushi und andere japanische Gerichte). Außer Trips mit dem Segelboot werden auch Fahrräder zum Verleih angeboten. *10 Zi. | Tel. 0777/41 41 29 | €*

## AM ABEND

**PAJE BY NIGHT ▶▶**

Atmosphärische Open-Air-Bar mit alternativem Charme: Überall stehen Sofas herum und neben dem Billardtisch Kerzenleuchter. Serviert wird Pizza aus dem Ofen und kaltes Bier. Wer hier versackt, kann auch in einem der einfachen Räume übernachten. *Main Road | Tel. 0777/46 07 10 | www.pajebynight.net*

## STRÄNDE

**BWEJUU**

Lang gezogener, von Palmen beschatteter Strand mit weißem Pulversand nördlich von Paje. Die meisten der Resorts, die sich hier aneinanderreihen, verleihen Fahrräder, mit denen man entlegenere Strandabschnitte erreichen kann. Das *Breezes (70 Zi. | Tel. 0774/44 08 83 | www.breezes-zanzibar.com | €€€)* ist eine der größeren Anlagen der Insel mit weißen Villen in einem ausladenden Garten, Tauchschule und Spa. Das *Robinson's Place (5 Zi. | Tel. 0747/41 34 79 | www.robinsonsplace.net | €)* bietet romantische kleine Hütten direkt am Strand.

### KAE

Strand (auch *Pingwe* genannt) am nördlichsten Ende der Halbinsel. Bis jetzt haben die Resorts dieses Kleinod – der Sand ist so weich wie Neuschnee – noch nicht erreicht. Die *Kae Beach Bungalows (3 Zi. | Tel. 0747/47 52 99 | www.kaebeachbungalows.com | €)* sind entsprechend simpel, aber wunderschön. Das angeschlossene Restaurant brät frischen Fisch – welchen, hängt vom Fang der Fischer ab.

## FREIZEIT & SPORT

Das nahe Riff macht Paje und Umgebung zu einem perfekten Tauchgebiet für Anfänger: Fast alle Tauchschulen bieten eintägige *fun dives* für Anfänger an, damit man ein Gefühl für den Sport bekommt. Renommierte Tauchschulen sind das *Paje Dive Centre* im Arabian Nights Hotel *(Tel. 024/224 01 90)* und das *SAU Inn Diving Centre* weiter südlich in Jambiani *(Tel. 0773/20 96 76)*.

## ZIELE IN DER UMGEBUNG

### JAMBIANI [124 C5]

Anders als in den Touristenorten haben die Bewohner dieser Straßensiedlung südlich von Paje ein Zusammengehörigkeitsgefühl entwickelt und arbeiten daran, dass es der Gemeinde im Ganzen besser geht. *Eco + Culture Jambiani* bietet Touren an, die Besuchern die Alltagsseiten der Insel zeigen: ein Treffen mit dem *Mganga,* dem traditionellen Heiler, oder eine Kochstunde mit den Frauen des Dorfes. Führer *Kassim Mande (Tel. 0777/46 91 18 | www.ecoculture-zanzibar.org)* und seine Kollegen haben ideenreiche Programme zusammengestellt. Die Einkünfte aus den Touren fließen in die Dorfkasse und finanzieren Gemeinschaftsausgaben, etwa einen neuen Kindergarten.

Eine Stummelaffenfamilie im Nationalpark von Jozani-Chwaka Bay

### JOZANI-CHWAKA BAY NATIONAL PARK [124 B–C 4–5]

In diesem letzten tropischen Urwald der Insel kann man erahnen, wie das Binnenland Sansibars einmal aussah: dicht und grün bewaldet. Nach Jahrzehnten kommerzieller Abholzung ist davon nicht mehr viel übrig geblieben. Forscher vermuten, dass im Park mehrere endemische Tierarten leben, wie etwa der Rotkopf-Guereza und andere Affenarten. Daneben leben auf dem Areal an die 40 Vogelarten, kleine Antilopen und Buschschweine. Ein Knüppelsteg führt durch die dichten Mangrovenwälder, sodass Sie dieses einzigartige Habitat, das bei Flut unter Wasser steht, von oben beobachten können. *Tgl. 7.30–17 Uhr | Eintritt inkl. einer geführten Tour 8 US$*

## PEMBA

[119 F4–5] **Sansibars 50 km entfernter Nachbar (360 000 Ew.) wird auch die „Grüne Insel" gennant. Denn wo keine Bäume stehen, erstrecken sich Plantagen: Die meisten von Sansibar exportierten Gewürznelken stammen von Pemba.** Tourismus ist hier noch jung, es gibt kaum Unterkünfte und praktisch keine Restaurants. Besucher werden höflich empfangen, solange sie sich an die geltenden Regeln halten: Der Islam wird auf der Insel strikter ausgelegt als auf Sansibar. Auch deshalb konzentriert sich der Strandtourismus auf die wenigen Lodges. Gleichzeitig ist die Insel seit jeher für ihre Voodoo- und traditionellen Heiler berühmt: Aus ganz Ostafrika kommen Kranke und bitten um Hilfe. Westliche Besucher bekommen davon allerdings nichts mit.

Dass die Insel vor Jahrhunderten eine bedeutende Rolle spielte, belegen zahlreiche Ruinen von Moscheen und Befestigungsanlagen, Häusern und Grabstätten, die Sie bei einer Fahrt über die Insel entdecken können. Die historische Bedeutung dieser Bauten ist aber längst in Vergessenheit geraten.

Von Sansibar aus fahren unregelmäßig Schiffe zur Hafenstadt *Mkoani,* die Fahrt dauert mindestens acht Stunden *(Informationen im Hafen von Sansibar).* Einfacher ist der 20-minütige Flug *(mehrmals täglich)*

Robinson Crusoe hat sein Boot vergessen: einsamer Strand auf der Insel Pemba

nach *Chake Chake:* Die Propellermaschinen fliegen Pembas Inselhauptstadt so tief an, dass man eine phantastische Sicht auf die Riffwelt unter sich hat. Chake Chake (40 000 Ew.) selbst ist eine lebhafte Stadt, gelegen an einer malerischen Bucht. Hier ist die historische Bedeutung Pembas noch am ehesten sichtbar – z. B. bei einem Besuch des alten Forts aus dem 18. Jh. am Fischereihafen oder in der historischen Altstadt.

## SEHENSWERTES

### KIGOMASHA

Die meisten Urlauber kommen zur Halbinsel Kigomasha im Nordwesten der Insel, um am herrlichen *Vumawimbi Beach* zu relaxen. Der vielleicht schönste Strand von Pemba zieht sich über Kilometer entlang eines dichten Waldstreifens. Fischer fahren von hier mit ihren Auslegerbooten raus aufs Meer. Das nächste

Hotel ist das wenige Kilometer östlich gelegene Manta Resort *(10 Zi. | Tel. 0777/62 83 33 | www.themantaresort.com | €€€)*, das auch eine eigene Tauchschule bietet.

### NGEZI FOREST RESERVE

Die gut 2 km lange Wanderung durch den letzten verbliebenen Urwald auf der Ngezi-Halbinsel im äußersten Norden Pembas lohnt sich besonders am Abend oder bei Nacht: Dann sind Fledermäuse und Eulen aktiv. Aber auch am Tag gibt es im Waldreservat Vögel und andere Tiere zu beobachten, die hilfreichen Ranger (nicht alle sprechen Englisch) sparen nicht mit Informationen. Nachtbesuche vorab arrangieren. *Tourpreise je nach Dauer 5000–10 000 TSh*

### STIERKÄMPFE

Insider Tipp

Wenn die Ernte eingeholt ist und die Regenzeit noch auf sich warten lässt, werden aus Bauern Matadore, die sich einem Stierkampf unterwerfen – offenbar ein Erbe der portugiesischen Besatzer im 16. Jh. Der Stier wird am Ende nicht getötet, sondern mit Blumen dekoriert. Zwischen August und November ist Hauptsaison. Genaue Daten und Orte erfahren Sie im Hotel.

## ÜBERNACHTEN

### FUNDU LAGOON ★

Das Resort im Süden der Insel erfüllt alle Ansprüche an einen Urlaub der Luxusvariante. Einsam gelegen, erstklassig ausgestattete Zelte, Freizeitprogramm mit Tauchen, Schnorcheln, Bootstouren, eigenem Strand und Massagen mit Meerblick. *16 Zi. | nahe Mkoani | Tel. 024/223 29 26 | www.fundulagoon.com | €€€*

# > KROKODILE UND SCHIMPANSEN

In den entlegenen Naturreservaten von Selous und Gombe können Sie Wildnis pur erleben

*Die Touren sind auf dem hinteren Umschlag und im Reiseatlas grün markiert*

## 1 SELOUS: UNTERWEGS IN AFRIKAS GRÖSSTEM WILDRESERVAT

**Fast vier Mal so groß wie die Serengeti, leben im Reservat mehr als 1 Mio. Wildtiere: Selous (sprich „Selu") bietet ungestörte Naturbeobachtungen in einer einzigartigen Landschaft. Bei diesem Mehrtagesausflug durchstreifen Sie die Wildnis mit dem Auto und zu Fuß.**

Aus der Luft zeigt sich Selous in seiner ganzen endlosen Weite: Das Grün der Wälder leuchtet bis zum Horizont und wird nur vom schlammigen Braun des Rufiji-Flusses unterbrochen. Auf der riesigen Fläche von 45 000 $km^2$ leben Hunderttausende Büffel, Zehntausende Elefanten und Tausende Löwen neben anderswo längst ausgestorbenen Antilopenarten und Rhinozerossen.

Am einfachsten erreichen Sie das Reservat von Daressalaam oder Sansibar aus mit dem Flugzeug. Die Air-

Bild: Gombe Stream National Park

# AUSFLÜGE & TOUREN

lines Coastal und Zanair setzen täglich Propellermaschinen ein, die den etwa einstündigen Flug bis fast vor die Haustür einer der Lodges zurücklegen. Als Einziges von Tansanias Reservaten ist Selous zudem auch mit dem Zug erreichbar (Tazara-Railway bis Kinyanguru, Fuga oder Matambwe). Ein besonderes Erlebnis ist die Anreise mit der Dampflok des *Safari Express (unregelmäßige Fahrzeiten | 180 US$ hin und zurück | Foxes African Safaris | Tel. 0784/23 74 22 | www.safariexpress.info)*. Abfahrt ist vom Tazara-Bahnhof *(Daressalaam | Ecke Nyerere/ Nelson Mandela Road | Tel. 022/ 286 51 87 | www.tazara.co.tz)*.

Wer von **Dar** *(S. 63)* aus mit dem Auto anreist (wegen der schlechten Straßenverhältnisse dauert das bis zu 12 Stunden), sollte einen Zwischenstopp im **Mikumi National Park** einlegen *(Eintritt 20 US$)*. Durch die Grassavanne und die Überschwemmungsgebiete des Mkata-Flusses ziehen hier große Zebra-, Gnu- und Antilopenherden. In **Fox's Safari Camp** übernachten Sie in Luxuszelten, bevor es am nächsten Tag nach Selous weitergeht *(12 Zelte | Tel. 023/244 01 94 | www.tanzaniasafaris.info | €€€)*.

Einmal im **Selous Game Reserve** angekommen *(Eintritt 50 US$ pro Tag)*, führt die erste Tour ans Wasser. Ein guter Ausgangspunkt ist das **Rufiji River Camp**. Die älteste Lodge des Reservats liegt auf einem Kliff direkt über dem Fluss *(20 Zelte | Tel. 0784/23 74 22 | www.rufijirivercamp.com | €€€)*. Vom Anleger unterhalb des Camps fahren Sie mit Booten direkt hinein ins Naturparadies: Auf den Sandbänken entspannen sich Flusspferde, am Ufer gähnen Krokodile, und Elefanten ziehen an den Zelten vorbei. Lange Uferstrecken sind mit Mangroven bewachsen – ein Anblick, wie es ihn kaum noch in Afrika gibt.

Am nächsten Morgen können Sie den Park erkunden: Alle Unterkünfte bieten *game drives* oder *game walks* (Ausflüge mobil oder zu Fuß) an, die meist schon im Preis inbegriffen sind. Giraffen, Büffel oder Elefanten sind leicht zu entdecken, wer nach Löwen Ausschau hält, muss ein wenig Geduld mitbringen. Doch das eigentliche Pfund, mit dem Selous wuchert, ist seine Einsamkeit. Anders als etwa in der Serengeti trifft man hier nur selten auf andere Safarigruppen. Wer ganz tief in die Wildnis vordringen will, bucht ein *flycamp* – ein mobiles Zeltcamp – und verbringt eine Nacht mitten im Busch unter dem Sternenhimmel.

Um die Vielfalt des Reservats zu erleben, lohnt es sich, die Nächte in verschiedenen Lodges zu verbringen. Nach Absprache wird man Sie problemlos mit dem Jeep in Ihrer alten Lodge abholen. Schon in der Hügellandschaft rund um die **Sable Mountain Lodge** *(13 Zi. | Tel. 022/211 05 07 | www.selouslodge.com | €€€)* sieht der Park wieder ganz anders aus. Tipp: Zwischen Dezember und Mai versammeln sich hier die seltenen Säbelantilopen. Lohnend ist auch ein Besuch im **Selous Mbega Camp** *(13 Zi. | Tel. 022/265 02 50 | www.selous-mbega-camp.com | €€)*. Es liegt in einem eigenen Waldreservat und ist die Heimat zahlreicher Affenarten. Zurück fliegen Sie dann einfach von Ihrem neuen Aufenthaltsort aus.

Achtung: Nach der langen Regenzeit sind viele Lehmstraßen im Selous nicht passierbar, zwischen April und Juni sind die meisten Lodges deshalb geschlossen.

## 2 BEI DEN SCHIMPANSEN VON GOMBE

**Nirgendwo auf der Welt sind die nächsten Verwandten des Menschen so lange und so ausführlich studiert worden wie im ★ Gombe Stream National Park, dem gerade einmal 50 km² großen Schutzgebiet am Tanganyika-See. Der Park ist das Refugium von ca. 100 Schimpansen und einer Reihe weiterer Affenarten. Straßen gibt es keine. Wer hierherkommt, geht auf unmittelbare Tuchfühlung mit der Natur – per Fußsafari.**

Ein Besuch in Gombe beginnt normalerweise in **Kigoma**, der Hafenstadt am Ufer des Tanganyika. Hierher gelangt man von Daressalaam aus mit dem Zug *(Central Line | Dauer ca. 40 Std. | 45 US$)* oder mit dem Flugzeug: Precision Air fliegt mehrmals wöchentlich *(280 US$)*. Kigoma selbst ist ein entspannter Ort mit fast mediterranem Flair. Wer über Nacht bleibt: Das **Kigoma Hilltop Hotel** *(30 Zi. | Tel. 028/280 44 35 | www.kigoma.com | €)* ist das erste Haus am Platz.

Der Nationalpark liegt 20 km nördlich von Kigoma am Seeufer. Ein Wassertaxi bringt Sie in einer halben Stunde an den Parkeingang. Der **Gombe Stream National Park** *(Eintritt 100 US$ pro Tag)* erstreckt sich entlang einer Schlucht, in der 13 Bäche und Flüsse zusammenfließen. Dies ist der Lebensraum der Schimpansen und zahlreicher anderer Primaten, unter ihnen Kolobus-, Rotschwanz- und Blauaffen. Seit 1968 steht ihr Areal unter Schutz – u. a. dank der Bemühungen der britischen Forscherin Jane Goodall, die die Menschenaffen seit 50 Jahren studiert. Wenn Sie es ihr gleichtun wollen: Am besten zu beobachten sind die Schimpansen am frühen Morgen. Die erfahrenen Führer kennen „ihre“ Tiere alle beim Namen und können zu jedem eine ganz persönliche Geschichte erzählen. Fahren Sie unbedingt nur bei bester Gesundheit nach Gombe: Selbst ein einfacher Schnupfen kann für einen Schimpansen lebensgefährlich sein.

Die meisten Reisenden übernachten in der luxuriösen **Gombe Forest Lodge** am Strand *(10 Zi. | Tel. 022/213 05 53 | €€€)*, wo für alles gesorgt ist. Das Camp wird vom **Hilltop Hotel** in Kigoma betrieben – dort organisiert man auch für Nichtgäste Transfer und Unterkunft *(Tel. 028/280 44 37 | www.chimpanzeesafaris.com | €€)*.

Die Affen von Gombe sind Menschen gewöhnt, bleiben aber am liebsten unter sich

# EIN TAG AUF SANSIBAR

Action pur und einmalige Erlebnisse.
Gehen Sie auf Tour mit unserem Szene-Scout

## FRISCHER FISCH

6:00

Frühes Aufstehen lohnt sich: Am Strand sind die Fischer mittlerweile von ihren Touren zurück und hieven die Fische aus den Booten. Mithelfen ist erwünscht! Außerdem kann man sich so gleich den besten Fisch zum Ersteigern aussuchen! **WO?** *Nungwi Beach*

8:00

## WACHMACHER

Nach der morgendlichen Anstrengung gibt es stärkenden Kaffee und süßes Gebäck. Im *Café Marhaba* den Liebling unter den afrikanischen Bohnen aussuchen und auf der Terrasse der Cafélounge mit Meerblick Platz nehmen! **WO?** *Langi Langi Beach Bungalows | Nungwi | Tel. 024/224 04 70 | www.langilangizanzibar.com*

## VISIT NEMO

9:00

Mit dem Boot geht's zur Insel Tumbatu. Dort heißt es dann Schnorchel anlegen und in eine fremde Welt abtauchen. Im türkisfarbenen Wasser tummeln sich bunte Fischschwärme zwischen Korallen und Steinformationen. **WO?** *Spanish Dancer Divers | am Strand des Nungwi Inn Hotel, Nungwi | Anmeldung unter Tel. 0777/41 77 17 | Kosten: 35 Euro | www.spanishdancerdivers.com*

14:00

## GEBÜHREND BELOHNT

Im *Tanzanite Beach Resort* kommt der ersteigerte Fisch jetzt in den Ofen. Mit Tomaten und Kräutern serviert Koch Francesco die frische Leckerei direkt am schneeweißen Sand auf Bambustischen. Das macht das frühe Aufstehen wieder wett! **WO?** *Tanzanite Beach Resort | Nungwi | Tel. 0777/48 50 22 | www.tanzanitebeachresort.com*

# 24 h

## 15:00 DIE WELLE REITEN

Gleich nebenan ist Action angesagt. Rauf aufs Board und den Drachen gegen den Wind halten. Die Cracks von *Kite Zanzibar* zeigen, wie es geht. Ein kurzer Blick Richtung Küste gewährt eine atemberaubende Aussicht auf das Fischerdorf. **WO?** *Kite Zanzibar | Ras Nungwi Beach Hotel, Nungwi | Anmeldung unter Tel. 024/224 04 87 | Kosten auf Anfrage | www.kitezanzibar.com*

## 16:00 NATURERLEBNIS

In *Baraka's Turtle Aquarium* direkt neben einem Leuchtturm leben 15 Schildkröten. Wer will, kann mit den Schildkröten schwimmen oder sie nur beobachten. Toll, wie elegant sie durchs kristallklare Wasser gleiten. **WO?** *Baraka's Bungalows on West Beach | Nungwi | Kosten: 8 US$ pro Person*

## 18:30 DINNER AUF DEM SCHIFF

Hunger? Ein Abendessen der Superlative wartet auf Sie. Wenn Sie das Frischeste aus dem Meer, die intensivsten Gewürze aus dem Binnenland und die romantischste Aussicht auf die Stone Town erleben wollen, sind Sie im bzw. auf dem *Dhow Restaurant* genau richtig. Das ehemalige Gewürzschiff liegt nun fest verankert im Hafen, der Küchenchef serviert feinsten Hummer und feurige Garnelen. **WO?** *Hafen, Stone Town, Sansibar-Stadt*

## 23:30 ISLAND NIGHTS

Die *Komba Discotheque* gewährt Einsicht in das moderne Sansibar. Die neuesten Underground-Sounds und eine moderne Lasershow ziehen Nachtschwärmer auf die Tanzfläche. **WO?** *Bwawani Hotel | Malindi, Funguni Street, Sansibar-Stadt | www.bwawanihotel.com*

# > ALLES UNTER FREIEM HIMMEL

Ob Tauchen, Wandern oder Bergsteigen: Wer sich im Urlaub bewegen will, hat die freie Wahl

**> Die wenigsten Tansanier würden sagen, dass sie Sport treiben – obwohl sie es gewohnt sind, täglich kilometerweit zu laufen, mit dem Fahrrad steile Berge hinaufzufahren oder Stunden auf und im Meer zu verbringen. Solche Aktivitäten sind Teil des täglichen Lebens – und genauso werden sie auch Urlaubern angeboten. Gute Luft und blauer Himmel inklusive.**

Bei aller Schönheit des Workouts in der Natur: Vergessen Sie nicht, dass Sie sich in Äquatornähe befinden und jede Art von Anstrengung den Organismus mehr belastet als zu Hause. Im Norden Tansanias und natürlich auf den Bergen kommt die Höhe als belastender Faktor dazu – lassen Sie es langsam angehen. Guter Sonnenschutz und viel Flüssigkeit sind essenziell.

## BERGSTEIGEN

Kilimandscharo und Mount Meru sind die beliebtesten Ziele für Berg-

Bild: Bergsteiger am Kilimandscharo

# SPORT & AKTIVITÄTEN

steiger. Beide Berge sind, wenn man die leichten Routen wählt, technisch einfach. Am meisten macht die extreme Höhe zu schaffen, weswegen man sich unbedingt genügend Zeit für den Aufstieg nehmen muss.

Eine besondere Herausforderung ist der *Ol Doinyo Lengai* (2878 m). Der Vulkan erhebt sich nordöstlich des Ngorongoro-Kraters. Auch weil einer der beiden Krater noch aktiv ist, ist der Aufstieg nur mit einem ortskundigen Führer möglich. Die meisten Bergpartien starten um fünf Uhr, sodass sie gegen elf Uhr den Kraterrand erreichen. Der Abstieg dauert noch einmal zwei Stunden. Andere Gruppen beginnen den Aufstieg um Mitternacht, sodass sie das Ziel bei Sonnenaufgang erreichen. Touren können Sie in Arusha *(s. S. 49)* ab ca. 100 Euro buchen. Erstklassige Infos rund um den Berg unter *www.mtsu.edu/~fbelton/lengai.html*.

## GOLF

Wer in Tansania Holz und Eisen schwingen will, kann das am besten in Daressalaam, wo es außer dem 18-Loch-Parcours im *Gymkhana-Club (Ghana Street | Tel. 022/213 84 45)* noch einen vom Militär betriebenen 9-Loch-Platz gibt *(Lugalo Ground | Tel. 0732/92 68 26)*.

## HOCHSEEFISCHEN

Der Kanal zwischen Sansibar und Pemba gilt als eine der fischreichsten Gegenden der Welt, ebenso die Gewässer rund um Mafia. Riesige Barrakudas und Heerscharen von Marlinen tummeln sich vor allem in der Hochsaison (August–März) im Meer. Die meisten Tauchzentren organisieren Angeltouren oder helfen zumindest bei der Organisation. *Fishing Zanzibar (www.fishingzanzibar.com)* und *Zanzibar Big Game Fishing (Tel. 024/223 37 67 | www.rasnungwi.com)*, beide in Nungwi, bieten Touren, die teils mehrere Tage dauern.

Tauchen mit den Meeresschildkröten: An der Küste Tansanias ist das möglich

## MOUNTAINBIKING

Staub, Hitze, Berge: Wen das nicht abschreckt, sondern sogar motiviert, der ist für Mountainbiking in Tansania gerüstet. Vor allem im Hochland rund um Arusha und in den Usambara-Bergen, aber selbst am Kilimandscharo werden Touren angeboten, z. B. von *Chagga-Tours* in Moshi *(s. S. 58)*.

## REITEN

Toll für Pferdefreunde ist eine Tour durch Tansanias Hochland: Die Besitzer der *Makoa Farm* am Fuß des

Kili *(Tel. 0744/31 28 96 | www.makoa-farm.com)*, nahe der Stadt Machame, organisieren Reitsafaris zu Zielen in der Umgebung und Touren von bis zu elf Tagen. Am herrlichen South Beach südlich von Daressalaam, nicht weit vom Kap Ras Kutani entfernt, gibt es den *Horse Club (Tel. 0754/00 02 35)* mit 36 Pferden und mehreren Trainern.

## SEGELN

Segeln ist in Tansania vor allem Yachtbesitzern vorbehalten, deren Clubs nur zu Events wie *TanzaCat* (s. „Events & Feste") zugänglich sind. Auf Sansibar gibt es aber die eine oder andere Segelschule. *Dive 'n' Sail* in Nungwi etwa *(Tel. 0774/44 12 34 | www.dive-n-sail.com)* vermietet einen 15-Meter-Katamaran mit allen Schikanen, samt Profi-Skipper für Segel- und Tauchtouren.

## TAUCHEN

Sansibar, Pemba und Mafia sind Eldorados für Taucher: Von hier aus sind die Riffe nie weit entfernt, und praktisch jedes Hotel hat eine angegliederte Tauchschule, die die nötige Ausrüstung verleiht, Trips organisiert und Kurse für Neulinge und erfahrene Taucher anbietet. Fast überall gibt es Schnupperkurse, bei denen man einen Tag in Begleitung das schwerelose Treiben in der warmen und glitzernden Wasserwelt ausprobieren kann. Meeresschildkröten, Walhaie oder Mantas gehören zu den Highlights der reichen Tauchgründe.

Auf Sansibar ist das Wasser zwischen November und März am klarsten. In der Regenzeit (März–Mai) ist Tauchen oft nicht möglich, weil Regen die Sicht am Riff verdirbt. Aufgewühlt und trübe kann das Wasser auch sein, wenn der Monsun (Juni–Sept.) vom Meer her weht; an geschützteren Plätzen (z. B. Sansibars Westküste) ist das Vergnügen aber ungetrübt.

Wer sicher sein will, dass eine Tauchschule offiziellem Standard entspricht, schaut unter *www.padi.com* nach. Dort gibt es für diejenigen, die ihren Tauchschein auf Sansibar machen wollen, auch die Möglichkeit, die Theorie schon zu Hause online abzulegen – dazu muss man allerdings bereits die Tauchschule kennen, bei der die praktischen Stunden absolviert werden. Insider Tipp

Wem Tauchen zu aufwendig oder zu teuer ist: Praktisch alle Schulen bieten Schnorcheltrips an. Direkt am Riff trägt man meist keine Flossen, um Schäden an den empfindlichen Korallen zu vermeiden. Viele Ausflüge gehen zu vorgelagerten Inseln, etwa Chumbe Island (Sansibar) oder Misali Island vor Pemba.

## WANDERN

Wer keine Berge erklimmt, aber gern wandert, kann in mehreren Nationalparks in Begleitung eines erfahrenen Guides auf Tour gehen. Möglichkeiten dazu gibt es im Ngorongoro-Krater, im Arusha-Nationalpark, in Gombe, Saadani und Selous, im Nationalpark Jozani-Chwaka Bay auf Sansibar und natürlich auf den Wanderwegen am Fuß des Kilimandscharo. Die Naturschützer von *Tansanias Wildlife Conservation Society (Garden Avenue | Dar | Tel. 022/211 25 18 | wcst@africaonline.co.tz)* bieten samstags in und um Dar vogelkundliche Wanderungen an.

# > ZU GAST BEI FREUNDEN

Mit Begeisterung und viel Improvisationstalent machen die Tansanier einen Familienurlaub zum Erfolg

**> Ob Ihre Kinder toben, schreien oder quer durchs Lokal laufen, in Tansania können Sie sicher sein, dass niemand mit den Augen rollt. Im Gegenteil – so liebenswürdig wie hier werden Kinder in Europa nur selten empfangen.**

Weil fast alle Tansanier schon in jungen Jahren selber Kinder haben, wird man alles tun, um für Ihre Kleinen zu improvisieren: Hochstühle etwa gibt es in Restaurants fast nie, aber mit Kissen und anderen Hilfsmitteln schafft man es schon irgendwie, Ihr Kleinkind sicher auf Tischhöhe zu bringen.

Kindergerichte gibt es ebenfalls selten. Stattdessen ist jeder Chefkoch sofort bereit, ein ganz persönliches Mahl für Ihr Kind zusammenzustellen und selbst dann zu servieren, wenn das Hotelrestaurant eigentlich noch geschlossen ist. Fragen Sie einfach, und man wird Ihnen helfen. Babykrippen und Gitterbetten gibt es in

Bild: Kinder in Stone Town, Sansibar

# MIT KINDERN UNTERWEGS

den meisten Touristenhotels, angeboten wird außerdem zumeist ein Babysitter oder Türwächter, der Sie sofort alarmiert, wenn aus dem Zimmer Geschrei zu hören ist.

Damit Ihr Kind so viel Spaß hat wie Sie, ist die Wahl des richtigen Ortes entscheidend. Am Meer gibt es für Kinder immer viel zu spielen, die meisten Lodges haben zudem einen flachen Pool. Wenn Sie eine Safari planen, sollten Sie sich auf ein bis zwei benachbarte Nationalparks beschränken und lange Transfers vermeiden. Vier Stunden *game drive* sind für den Nachwuchs eine Ewigkeit – schließlich passiert wenig, und man muss die ganze Zeit sitzen. Empfehlenswert sind deshalb kurze Safaris, die nicht mehr als zwei Stunden dauern.

Ist Ihr Nachwuchs alt genug für Tierbeobachtungen, sollten Sie ihm ein eigenes Fernglas oder eine eigene

Kamera kaufen. Ein spannendes Erklärbuch für kleinere Kinder ist *Meine Safari: Abenteuer in Afrika* von Hudson Talbott. Darin erzählt ein Zwölfjähriger im Stil eines bunten Tagebuchs von seiner eigenen Fotosafari. Generell gilt: Für Kinder unter acht Jahren sind Safaris nicht geeignet.

Wer nach Tansania reist, muss auf gesundheitliche Risiken vorbereitet sein – das gilt insbesondere für Kinder. So ist der Schutz vor Moskitostichen und damit Malaria bei ihnen noch wichtiger als bei Erwachsenen. Sprechen Sie mit Ihrem Kinderarzt, ob er zu einer Chemoprophylaxe rät. Achten Sie zudem darauf, dass Ihr Kind immer einen Sonnenhut trägt und mit einem hohen Lichtschutzfaktor vor der Äquatorsonne geschützt ist. Und erinnern Sie es daran, viel Wasser zu trinken. Bei kleineren Kindern müssen Sie bei Durchfall früh darauf achten, dass sie nicht dehydrieren – viel Wasser und eine aus der heimischen Apotheke mitgebrachte Elektrolytlösung verhindern das.

## SERENGETI & NATIONALPARKS

### BESUCH BEI DEN MASSAI [118 A2]

Das Dorf Mto wa Mbu am Lake Manyara ist Ausgangspunkt für Ausflüge zu den Massai. Die mehrstündigen Touren eignen sich für ältere Kinder und Jugendliche. Unterwegs lernen Sie die Lebensweise der Menschen in dieser Region kennen: Die Führer zeigen Ihnen u. a. auch kleine Bauernhöfe *(shambas). Über das Büro des Cultural Tourism Programme im Red Banana Café | Mto wa Mbu | Preis: Verhandlungssache | Tel. 0748/60 66 54 | mtoculturalprogramme@hotmail.com*

### SMALL FIVE SAFARI

Statt *Big Five* geht es bei dieser Safari auf die Suche nach den nicht minder spannenden *Small Five:* Das

Lehrreich: der Besuch einer tansanischen Schule – hier in Daressalaam

sind Elefantenspitzmaus *(elephant shrew)*, rotschnabliger Büffelwebervogel *(red billed buffalo weaver)*, Elefantenlöwe *(ant lion)*, Leopardenschildkröte *(leopard tortoise)* und Nashornkäfer *(rhino beetle)*. Alle diese Tiere leben im Norden Tansanias. Ein örtlicher Führer weiß, wo. Diese Safari lässt sich bei jeder Lodge, die *game walks* anbietet, organisieren. Preis: Verhandlungssache.

## RUND UM DEN KILIMANDSCHARO

### SCHOOL OF ST. JUDE [118 B2]

Wie gehen Kinder in Tansania zur Schule? In der School of St. Jude können Besucher sich den Unterricht – gegen eine Spende – ansehen. Mehr als 800 begabte Schülerinnen und Schüler aus armen Familien werden hier dank einer australischen Hilfsorganisation bereits unterrichtet. Die Spenden sichern u. a. den Fortbestand des Projekts. Die Schule liegt zwischen Arusha und Moshi, Taxifahrer kennen den Weg. *Mo–Fr 8.30–15.30 Uhr (außer Ferien) | Old Road, Moshono (20 Min. Taxifahrt von Arusha) | Taxi ca. 45 US$ pro Fahrt | Tel. 0754/56 61 36 | www.schoolofstjude.co.tz*

## DARESSALAAM & DIE KÜSTE

### FUNKY ORBITS [123 E2]

In diesem Vergnügungszentrum können Kinder nicht nur Minigolf spielen, es gibt auch einen Spielplatz und eine Kletterwand. Zum Komplex gehört auch ein kleines Restaurant. *Haile Selassie Road (Zufahrt hinter der Gapco Tankstelle) | Msasani-Halbinsel | Tel. 022/260 22 64*

### WET AND WILD WATER PARK [119 E6]

Die Farbe ist ein bisschen angekratzt, aber das Plantschen in Tansanias größtem Wasserpark mit 22 Rutschen (eine ist 200 m lang!) macht dennoch Spaß. Ein toller Platz, um mit tansanischen Kindern Freundschaften zu schließen. *Tgl. 8.30–18 Uhr | Kunduchi Beach Hotel & Resort | Kunduchi | Erw. 5500 TSh, Kinder 5000 TSh | www.kunduchiresort.com*

## SANSIBAR

### BLUEBAY BEACH RESORT & SPA [124 B3]

Das Resort im Nordosten Sansibars bietet neben Pool und Spa auch einen Kinderclub für 3- bis 13-Jährige. Wer will, kann bei den Kindergärtnerinnen ein bisschen Suaheli lernen. *112 Zi. | Kiwengwa | Tel. 024/224 02 40 | www.bluebayzanzibar.com* | €€€

### BUBBLEMAKER COURSE [124 B1]

Schon die Kleinen können bei den „Blasenmacherkursen" an Sansibars Nordspitze spielerisch den Umgang mit dem Tauchgerät lernen. So bekommen sie einen ersten Eindruck vom Leben unter Wasser – und verlieren dabei frühzeitig die Angst vor zukünftigen Tauchgängen. *Dive Zanzibar (im Paradise Beach Hotel) | Nungwi | Tel. 0777/41 56 60 | www.diveafrica.com/zanzibar*

### ZAMANI ZANZIBAR KEMPINSKI [124 B2]

Eines der edelsten Resorts auf Sansibar vergisst auch die Kinder nicht: Auf dem Außenspielplatz mit Dschungel-Gym, Rutschen und Schaukeln gibt es ein tägliches Kinderprogramm. *110 Zi. | Pwani Mchangani | Tel. 0777/44 44 77 | www.kempinski.com* | €€€

# > VON ANREISE BIS ZOLL

Urlaub von Anfang bis Ende: die wichtigsten Adressen und Informationen für Ihre Tansania-Reise

## ANREISE

Tansanias Drehscheibe ist der Nyerere International Airport in Daressalaam. Die meisten Fluggesellschaften landen hier. Swiss fliegt fünf Mal wöchentlich ab Zürich (mit Zwischenlandung in Nairobi), KLM täglich (über den Kilimanjaro International Airport). Direktflüge sind selten. Günstige Verbindungen bietet Egypt Air von Frankfurt aus, mit Zwischenlandung in Kairo.

Um lange Weiterfahrten mit Bus oder Auto zu vermeiden, sollten Sie den Flughafen wählen, der Ihrem Reiseziel am nächsten liegt: Für Urlauber, die in den Süden reisen, ist das der Flughafen von Dar. Wer dagegen in den Norden will, bucht besser einen Flug zum Kilimanjaro International Airport zwischen Moshi und Arusha. Condor fliegt den Airport einmal wöchentlich an (Direktflug), Ethiopian Airlines drei Mal in der Woche (über Addis Abeba) und KLM täglich (über Amsterdam). Für KLM-Gäste steht ein kostenloser Shuttle nach Arusha und Moshi bereit. Sansibars winzigen Flughafen fliegt Condor direkt an, daneben auch Ethiopian Airlines und KLM.

Die Preise für Flugtickets variieren stark: Sie kosten 650 bis 1100 Euro, in der Hauptsaison bis 1400 Euro. Von Deutschland aus dauert der Flug neun bis zehn Stunden.

# PRAKTISCHE HINWEISE

## AUSKUNFT

**TANZANIA TOURIST BOARD**
*IPS Building, 3rd Floor | Azikiwe Street | Daressalaam | Tel. 022/211 12 44/-45 | Fax 211 64 20 | www.tanzaniatouristboard.com*

**BOTSCHAFT DER VEREINIGTEN REPUBLIK TANSANIA**
*Eschenallee 11 | 14050 Berlin | Tel. 030/303 08 00 | Fax 30 30 80 20 | www.tanzania.go.tz*

## AUTO

In Tansania herrscht Linksverkehr. Das Tempolimit auf Landstraßen beträgt 80 km/h, in Städten 50 km/h und in den Nationalparks 30 km/h. Die Straßenverhältnisse sind ähnlich desolat wie das Verhalten der anderen Verkehrsteilnehmer, man muss auf alles gefasst sein: Schlaglöcher, Straßenschwellen, spielende Kinder, stoische Kühe, rasende Autofahrer. Auf keinen Fall nachts fahren: Elefanten haben keine Rücklichter und andere Verkehrsteilnehmer oft auch nicht.

Autos werden in Tansania prinzipiell nur mit einem Fahrer vermietet. Dessen Bezahlung ist im Mietpreis inbegriffen.

## DIPLOMATISCHE VERTRETUNGEN

**DEUTSCHE BOTSCHAFT**
*Garden Avenue/Mirambo Street | Daressalaam | Tel. 022/211 74 09 | Fax 211 29 44 | www.daressalam.diplo.de*

**DEUTSCHES HONORARKONSULAT ARUSHA**
*Ulf Kusserow | Ngaramtoni ya Chini (hinter der International School) | Arusha | Tel. und Fax 027/250 80 22 bzw. mobil 0754/78 96 03*

**DEUTSCHES HONORARKONSULAT SANSIBAR**
*Angelika Sepetu | Kiembe Samaki Stone Town, Sansibar | Tel. 024/223 36 91 bzw. mobil 0777/41 00 45*

**ÖSTERREICHISCHES HONORARKONSULAT**
*Slipway Road, Plot 1864, Msasani | Daressalaam | Tel. 022/260 14 92 | Fax 260 15 03 | austrianconsulate@bol.co.tz*

**SCHWEIZER BOTSCHAFT**
*Kinondoni Road, Plot 79 | Daressalaam | Tel. 031/324 18 26 | Fax 324 18 29 | www.eda.admin.ch/daressalaam*

## EINREISE

Besucher benötigen ein Visum. Es wird bei der Einreise am Flughafen ausgestellt, ist drei Monate gültig und kostet 50 Dollar. Voraussetzung ist ein sechs Monate gültiger Reisepass sowie das Rückreiseticket. Wahlweise können Sie das Visum auch vor Reiseantritt bei der Botschaft der Republik Tansania in Berlin beantragen. Vorteil: Sie ersparen sich so die Warterei vor dem Visumschalter am

Flughafen. Das entsprechende Formular steht online unter *www.tanzania-gov.de*, Link „Visum & Pass“.

## GELD & KARTEN

Landeswährung ist der Tansanische Schilling (abgekürzt TSh). Geldscheine sind gestaffelt nach 500, 1000, 2000, 5000 und 10 000 TSh. Im Umlauf sind außerdem Münzen zu 20, 50, 100 und 200 TSh. Vor allem in den touristischen Gebieten des Landes hat sich jedoch eine zweite Währung etabliert: der US-Dollar. Die Bezahlung mit Dollarnoten ist üblich (so z. B. für Visa, Eintritte in Nationalparks und auch in vielen Hotels). Sie sollten stets genug davon in der Tasche haben und unbedingt auf kleine Noten achten. Das gilt auch für die Landeswährung, denn: Tansanier haben oft zu wenig Wechselgeld.

Neben dem US-Dollar ist auch der Euro im Land weit verbreitet. Beide Währungen werden problemlos gewechselt. Neben Banken gibt es zahllose Wechselstuben *(foreign exchange bureaus)*, die bessere Konditionen anbieten. Den besten Wechselkurs erhalten Sie für 50- und 100-Dollar-Noten. Geldautomaten gibt es in den größeren Städten, allerdings sind sie oft außer Betrieb. Das Zahlen mit Kreditkarte (Visa oder Master-Card) ist nur selten möglich, häufig wird dabei eine saftige Gebühr von fünf bis zehn Prozent fällig.

## WAS KOSTET WIE VIEL?

> **DALLA-DALLA** — **20 CENT** für eine Stadtfahrt

> **WASSER** — **1 EURO** für eine Flasche Sprudel

> **BIER** — **1,30 EURO** für 0,5 Liter

> **ESSEN** — **1,50 EURO** für ein Gericht im Straßenverkauf

> **KANGA** — **AB 3,50 EURO** für das bunte Gewand

> **MIETWAGEN** — **AB 100 EURO** pro Tag, mit Fahrer

## GESUNDHEIT

Nur in Dar gibt es Hospitäler, die westlichen Standards entsprechen. Zu ihnen gehören die *IST-Clinic (Ruvu Street | Tel. 022/260 13 07 bzw. 0784/78 33 93)* und das *Aga Khan Hospital (Ocean Road | Tel. 022/211 51 51)*. Bei Notfällen und auf Safari helfen die *Flying Doctors*: Der medizinische Notdienst kommt per Flugzeug, für den Notfall steht eine 24-Stunden-Hotline zur Verfügung. Für ca. 12 Euro kann man eine zweiwöchige Mitgliedschaft erwerben *(www.amrefgermany.de)*. Kontakt in Dar: *Ali Hassan Mwinyi Road | Tel. 022/211 66 10 | info@amreftz.org*

Für Reisende aus Europa sind derzeit keine Impfungen vorgeschrieben. Unbedingt empfehlenswert ist jedoch eine Impfung gegen Tetanus, Polio, Diphtherie, Typhus und Hepatitis. Wer aus einem Gelbfiebergebiet (z. B. Nachbarländer) einreist, muss eine gültige Gelbfieberimpfung vorweisen. Malaria ist in Tansania weit verbreitet: unbedingt eine Prophylaxe mit einem Tropenmediziner besprechen! Ins Gepäck gehört eine Reiseapotheke mit Verbandszeug, Insektenschutz, Mittel gegen Durchfall,

Schmerzen und Entzündungen sowie persönlicher Medizin.

## INTERNET & WLAN

Auf *www.tanzania.go.tz* stellt sich die Vereinigte Republik Tansania vor. Die Nationalparkgesellschaft gibt unter *www.tanzaniaparks.org* Informationen zu den Reservaten, Preisen und Öffnungszeiten. Die deutsche Site *www.safari-portal.de* überzeugt mit einer aktuellen Linkliste von Lodges, Veranstaltern und mehr. Bei *www.traveltotanzania.com* finden Sie von Fahrradsafaris bis Paragliding Tipps zum Aktivurlaub. Über die grundlegenden Aspekte der Suaheli-Kultur informiert *http://swahilionline.com*. Die Online-Ausgabe der „Zeit" liefert unter *www.diezeit.de/afrika* Nachrichten aus Afrika.

Viele Hotels bieten Internetanschluss, in den Ballungszentren gibt es außerdem zahlreiche Internetcafés (*Preise 500–2000 TSh/Std.*). Im europäischen Vergleich sind die Verbindungen jedoch sehr langsam. WLAN-Spots sind in Tansania noch selten.

## KLEIDUNG

In Tansania gilt: Kleider machen Leute. An der Küste sollten Sie abseits des Strandes stets eine saubere Hose und ein T-Shirt (besser: kurzärmliges Hemd) anziehen. Frauen sollten an der muslimischen Küste – außer am Strand – immer ihre Schultern bedeckt halten und keine kurzen Hosen tragen. Nackt baden, auch nur oben ohne, ist in Tansania verboten!

Auf Safari und im heißeren Binnenland bietet sich helle, dünne Kleidung aus Baumwolle oder Leinen an, die die Sonnenstrahlen reflektiert und schnell trocknet. Ideal ist Funktionsbekleidung. Außerdem notwendig: eine Kopfbedeckung und dunkel getönte Sonnenbrille. Wenn Sie Zeit im Hochland oder in den Bergen verbringen möchten, empfehlen sich Pullover und Halstuch. Besonders im Norden, in den Hochländern rund um Moshi, Arusha, den Ngorongoro-Krater sowie in der Serengeti kühlt es in der Nacht deutlich ab.

## WÄHRUNGSRECHNER

| € | TSh | TSh | € |
|---|---|---|---|
| 1 | 1955,69 | 100 | 0,05 |
| 2 | 3911,37 | 500 | 0,26 |
| 3 | 5867,06 | 1000 | 0,51 |
| 4 | 7822,75 | 2000 | 1,02 |
| 5 | 9778,43 | 3000 | 1,53 |
| 6 | 11734,12 | 7000 | 3,58 |
| 7 | 13689,81 | 12000 | 6,14 |
| 8 | 15645,49 | 25000 | 12,78 |
| 9 | 17601,18 | 50000 | 25,57 |

## KLIMA & REISEZEIT

Im Nordosten Tansanias gibt es zwei Regenzeiten: Von März bis Mai dauert die große Regenzeit. Anfang November bis Anfang Dezember folgt eine kleine Regenzeit. Aufgrund des Klimawandels verschieben sich die Regenzeiten immer häufiger. Von Dezember bis März ist es im Norden heiß und trocken, was vorteilhaft ist für eine Safari: Die Tiere sammeln sich dann an den wenigen Wasserlöchern und sind gut zu beobachten. Von Juni bis August ist in der nördlichen Serengeti Hochsaison – dann wandern die großen Tierherden. Gute Monate für eine Kili-Besteigung sind Januar und Februar sowie September. Auf Sansibar und an der Küste herrscht ganzjährig ein tropisches

Klima mit hohen Temperaturen, im April und Mai gibt es heftige Regenfälle. Klimatisch am angenehmsten sind hier die Monate Juni bis September. Der Mai ist an der Küste verregnet: Viele Hotels haben dann geschlossen.

## ÖFFENTLICHE VERKEHRSMITTEL

Der öffentliche Verkehr in Tansania ist gut vernetzt. Mit dem *dalla-dalla* erreichen Sie auch entlegene Gegenden. Auf den wichtigen Hauptrouten verkehren Überlandbusse. Es gibt zudem zwei Bahnlinien, die von Dar aus fahren. Ob Überlandbus oder Bahn – für Touristen ist beides aus Sicherheitsgründen nicht zu empfehlen.

## POST

Tansanias Post ist zuverlässig. Mit Luftpost ist eine Karte (Porto: 600 TSh) oder ein Luftpostbrief (Porto: 700 TSh) gut eine Woche nach Europa unterwegs.

## SICHERHEIT

Tansania gilt nicht nur im afrikanischen Vergleich als sicheres Reiseland. Zunehmend gibt es aber vor allem in Arusha und Dar Taschendiebe oder Trickbetrüger, die es gezielt auf Urlauber abgesehen haben. Wenn es dunkel ist oder Sie sich unwohl fühlen: Nehmen Sie immer ein Taxi, auch für kurze Wege. Wertsachen und Geld sollten Sie möglichst im Hotel einschließen und ein paar kleine Scheine immer locker in der Hosentasche tragen, um nicht bei jedem Zeitungskauf die dicke Brieftasche zücken zu müssen. Niemals auf der Straße Geld tauschen! Einen Polizei- oder Krankenhausnotruf gibt es in Tansania nicht. Es ist ratsam, für den Notfall die Nummer des Hotels im Handy zu speichern.

# WETTER IN DARESSALAAM

| | Jan. | Feb. | März | April | Mai | Juni | Juli | Aug. | Sept. | Okt. | Nov. | Dez. |
|---|---|---|---|---|---|---|---|---|---|---|---|---|
| Tagestemperaturen in °C | 31 | 32 | 32 | 31 | 30 | 29 | 29 | 30 | 30 | 31 | 31 | 32 |
| Nachttemperaturen in °C | 24 | 23 | 23 | 23 | 21 | 19 | 18 | 18 | 19 | 20 | 22 | 23 |
| Sonnenschein Std./Tag | 7 | 8 | 7 | 5 | 7 | 7 | 7 | 9 | 9 | 9 | 9 | 9 |
| Niederschlag Tage/Monat | 6 | 5 | 14 | 18 | 12 | 6 | 3 | 4 | 5 | 7 | 8 | 8 |
| Wassertemperaturen in °C | 28 | 28 | 28 | 28 | 27 | 26 | 25 | 25 | 25 | 26 | 27 | 28 |

# PRAKTISCHE HINWEISE

## STROM

220 Volt. Es sind dreipolige (englische) Stecker erforderlich. Notwendige Adapter sind im Land erhältlich.

## TELEFON & HANDY

Die Vorwahl von Tansania ist 00255. Nach Deutschland: 00049; Österreich 00043; Schweiz 00041. Festnetzleitungen sind in Tansania chronisch unzuverlässig und brechen häufig zusammen. Im Gegensatz dazu sind Handynetze – Mobilnummern bestehen aus sechs Ziffern mit der 07 am Anfang – günstig und gut ausgebaut. Wer sein Handy mitbringt, hat in den meisten Gegenden guten Empfang. Um die hohen Roaminggebühren der europäischen Anbieter zu vermeiden, sollten Sie ein freigeschaltetes Mobiltelefon mitbringen und vor Ort eine SIM-Karte (2000 bis 3000 TSh) kaufen. Anbieter mit landesweitem Netz sind Celtel *(www.tz.celtel.com)*, Vodacom *(www.vodacom.co.tz)*, Zantel *(www.zantel.com)* und Tigo *(www.tigo.co.tz)*.

## TRINKGELD

In Restaurants ist oft eine *service charge* im Preis enthalten, ansonsten können Sie den Betrag einfach aufrunden. Bei längeren Safaris oder Bergtouren sind sehr großzügige Trinkgelder des Gastes hingegen fest eingeplant. Sprechen Sie im Zweifel vorher mit dem Veranstalter.

## UNTERKUNFT

Von der Absteige bis zur Luxusherberge – es gibt alles. Das Preisniveau ist insgesamt jedoch sehr hoch. Eine Ausnahme sind die landestypischen Budget-Unterkünfte: In den Städten sind dies Gästehäuser (oft mit Gemeinschaftsbad und ohne warmes Wasser), in den Parks bescheidene *rest houses* (oft für Selbstversorger), an der Küste *bandas* (Holz- oder Lehmhütten mit Strohdach). Mittelklasseunterkünfte – ob Hotel oder Lodge – bieten heißes Wasser, Ventilator und Klimaanlage. Die gehobenen Unterkünfte sind meist mit All-inclusive-Angeboten (Vollpension, Safaris) verbunden. In vielen Parks gibt es Camps: Der Gast schläft mitten in der Wildnis in luxuriösen, 2 m hohen Zelten, die vollständig möbliert sind. Neben festen Camps gibt es auch sogenannte *flycamps* – mobile Camps, die teils nur für eine Safari errichtet werden.

## ZEIT

Tansania ist der Mitteleuropäischen Zeit (MEZ) um zwei Stunden und während der Sommerzeit in Europa um eine Stunde voraus.

## ZOLL

Die Ausfuhr von Muscheln, Elfenbein oder Schildkrötenpanzern ist gemäß dem Washingtoner Artenschutzabkommen verboten. Für historische Gegenstände müssen Sie eine Ausfuhrgenehmigung vorlegen. Verboten ist auch die Ausfuhr von Landeswährung (Schilling), Fremdwährung (Euro, Dollar) darf in beliebiger Höhe nach Tansania eingeführt werden. Zollfrei sind bei der Wiedereinreise in die EU u. a. folgende Waren: 200 Zigaretten; 1l Spirituosen mit mehr als 22 Prozent Alkoholgehalt; 500 g Kaffee; 50 g Parfum. Mitbringen dürfen Sie außerdem Waren im Wert von 430 Euro pro Person. *www.zoll.de*

# > DO YOU SPEAK ENGLISH?

„Sprichst du Englisch?" Dieser Sprachführer hilft Ihnen, die wichtigsten Wörter und Sätze auf Englisch zu sagen

## Aussprache

Zur Erleichterung der Aussprache sind alle englischen Wörter mit einer einfachen Aussprache (in eckigen Klammern) versehen. Folgende Zeichen sind Sonderzeichen:

| | |
|---|---|
| ə | nur angedeutetes „e" wie in bitte |
| θ | [s] gesprochen mit der Zungenspitze zwischen den Zähnen |
| ' | die nachfolgende Silbe wird betont |

## AUF EINEN BLICK

| | |
|---|---|
| Ja/Nein | Yes [jäs]/No [nəu] |
| Vielleicht | Perhaps [pə'häps]/Maybe ['mäibih] |
| Bitte/Danke | Please [plihs]/Thank you ['θänkju] |
| Gern geschehen. | You're welcome. [joh 'wälkəm] |
| Entschuldigung! | I'm sorry! [aim 'sori] |
| Wie bitte? | Pardon? ['pahdn] |
| Ich verstehe Sie/dich nicht. | I don't understand. [ai dəunt andə'ständ] |
| Können Sie mir bitte helfen? | Can you help me, please? ['kən ju 'hälp mi plihs] |
| Guten Morgen! | Good morning! [gud 'mohning] |
| Guten Abend! | Good evening! [gud 'ihwning] |
| Guten Tag! | Good morning!/afternoon!/evening! (je nach Tageszeit) [gud 'mohning/ahftə'nuhn/'ihwning] |
| Hallo! Grüß dich! | Hello! [hə'ləu]/Hi! [hai] |
| Wie ist Ihr/dein Name? | What's your name? [wots joh 'näim] |
| Mein Name ist … | My name is … [mai näim is] |
| Ich komme aus … | I'm from … [aim frəm] |
| … Deutschland. | … Germany. ['dschöhməni] |
| … Österreich. | … Austria. ['ohstriə] |
| … der Schweiz. | … Switzerland. ['switsələnd] |
| Auf Wiedersehen! | Goodbye! [,gud'bai]/Bye-bye! [,bai'bai] |
| Tschüss! | See you! [sih ju]/Bye! [bai] |
| Hilfe! | Help! [hälp] |
| Rufen Sie bitte … | Please call … ['plihs 'kohl] |
| … einen Krankenwagen. | … an ambulance. [ən 'ämbjuləns] |
| … die Polizei. | … the police. [θə pə'lihs] |
| Wie viel Uhr ist es? | What time is it? [wot 'taim‿is‿it] |
| heute/morgen | today [tə'däi]/tomorrow [tə'morəu] |

# SPRACHFÜHRER ENGLISCH

## UNTERWEGS

| | |
|---|---|
| Bitte, wo ist … | Excuse me, where's … [iks'kjuhs 'mih 'weəs] |
| … der Bahnhof? | … the station? [θə 'stäischn] |
| … der Flughafen? | … the airport? [θə 'eəpoht] |
| … die Haltestelle? | … the stop? [θə stəp] |
| … der Taxistand? | … the taxi rank? [θə 'täksiränk] |
| Bus/Fähre/Zug | bus [bas]/ferry ['färi]/train [träin] |
| Können Sie mir bitte sagen, wie ich nach … komme? | Could you tell me how to get to …, please? ['kud‿ju 'täl me hau tə gät tə … plihs] |
| Gehen Sie geradeaus. | Go straight on. [gəu sträit 'on] |
| Gehen Sie nach links/rechts. | Turn left/right. [töhn 'läft/'rait] |
| Erste/Zweite Straße links/rechts. | The first/second street on the left/right. [θə 'föhst/'säknd striht on θə 'läft/'rait] |
| Überqueren Sie … | Cross … ['kros] |
| … die Brücke. | … the bridge. [θə 'bridsch] |
| … die Straße. | … the street. [θə 'striht] |
| … den Platz. | … the square. [θə 'skweə] |

## > SUAHELI

*Für alle Fälle: das Wichtigste in der Landessprache*

Suaheli ist Tansanias erste Landessprache: Vor allem außerhalb der Städte, wo nur wenige Bewohner Englisch sprechen, öffnen schon ein paar Worte viele Türen. Suaheli wird so gesprochen, wie es geschrieben wird.

| | |
|---|---|
| Ja./Nein./Okay. | Ndiyo./Hapana./Sawa. |
| Bitte./Danke. | Tafadhali./Asante. |
| Entschuldigung! | Samahani! |
| Hallo, wie geht's? | Hujambo? |
| Danke, es geht mir gut. | Sijambo. |
| Guten Tag. | Habari. |
| Guten Morgen!/Guten Abend! | Habari za asubuhi!/ Habari za jioni! |
| Auf Wiedersehen! | Kwaheri!/Tutaonana! (ugs.) |
| Ich heiße ... | Jina langu ni ... |
| Ich komme aus ... | Mimi ninatoka ... |
| ... Deutschland. | ... Ujerumani. |
| ... Österreich./Schweiz. | ... Mwaustria./... Uswisi. |
| Ich verstehe nicht. | Sielewi. |
| Wie viel kostest es? | Hii ni shilingi ngapi? |
| Bitte, wo ist ...? | Tafadhali, iko wapi ...? |
| Helfen Sie mir bitte! | Tafadhali unisaidie! |

| | |
|---|---|
| 1 | Moja |
| 2 | Mbili |
| 3 | Tatu |
| 4 | Nne |
| 5 | Tano |
| 6 | Sita |
| 7 | Saba |
| 8 | Nane |
| 9 | Tisa |
| 10 | Kumi |
| 20 | Ishirini |
| 100 | Mia |

| | |
|---|---|
| Ich möchte … mieten. | I'd like to hire … [aid' laik tə 'haiə] |
| … ein Auto … | … a car. [ə 'kah] |
| … ein Fahrrad … | … a bike. [ə 'baik] |
| … ein Boot … | … a boat. [ə 'bəut] |
| Wo ist die nächste Tankstelle? | Where's the nearest petrol station? ['weəs θə 'niərist 'pätrəlstäischn] |
| Ich habe eine Panne. | My car's broken down. [mai 'kahs 'brəukn 'daun] |
| Der Wagen springt nicht an. | The car won't start. |
| Die Batterie ist leer. | The battery is flat. [θə 'bätəri is flät] |
| Gibt es hier in der Nähe eine Werkstatt? | Is there a garage nearby? ['is θeə‿ə 'gärahdsch 'niərbai] |
| offen/geschlossen | open ['əupn]/closed [kləusd] |
| drücken/ziehen | push [pusch]/pull [pull] |
| Eingang/Ausgang | entrance ['äntrəns]/exit ['ägsit] |
| Wo sind bitte die Toiletten? | Where are the restrooms, please? ['weərə θə 'restruhms plihs] |
| Damen/Herren | Ladies ['läidies]/Gentlemen ['dschäntlmən] |

## ESSEN & TRINKEN

| | |
|---|---|
| Die Speisekarte, bitte. | May I have the menu, please. ['mäi ai häw θə 'mänjuh plihs] |
| Ich nehme … | I'll have … [ail häw] |
| Bitte ein Glas … | A glass of …, please [ə 'glahs‿əw … plihs] |
| Besteck | cutlery ['katləri] |
| Messer/Gabel/Löffel | knife [naif]/fork ['fohk]/spoon ['spuhn] |
| Vorspeise | hors d'œuvre [oh'döhwr]/starter ['stahtə] |
| Hauptgericht | main course ['mäin 'kohs] |
| Nachspeise | dessert [di'söht]/sweet [swith] |
| Salz/Pfeffer | salt [sohlt]/pepper ['päpə] |
| scharf | hot [hot] |
| Ich bin Vegetarier/in. | I'm a vegetarian. [aim a ,wädschi'teəriən] |
| Trinkgeld | tip [tip] |
| Die Rechnung, bitte. | May I have the bill, please? ['mäi ai häw θə 'bil plihs] |

## EINKAUFEN

| | |
|---|---|
| Wo finde ich … | Where can I find … ['weə 'kən‿ai 'faind] |
| … eine Apotheke? | … a chemist? [ə 'kämist] |
| … eine Bäckerei? | … a bakery? [ə bäikəri] |
| … ein Kaufhaus? | … a department store? [ə di'pahtmənt stoh] |
| … ein Lebensmittelgeschäft?- | … a food store? [ə 'fuhd stoh] |
| … einen Markt? | … a market? [ə 'mahkit] |
| Haben Sie …? | Have you got …? ['həw ju got] |

| | |
|---|---|
| Ich möchte … | I'd like … [aid 'laik] |
| Ein Stück hiervon, bitte. | A piece of this, please. [ə pihs əw θis plihs] |
| Eine Einkaufstüte, bitte. | A bag, please. [ə bäg plihs] |
| Das gefällt mir (nicht). | I (don't) like it. [ai (dəunt) laik‿it] |
| Wie viel kostet es? | How much is it? ['hau 'matsch is it] |
| Nehmen Sie Kreditkarten? | Do you take credit cards? [du‿ju täik 'kräditkahds] |

## ÜBERNACHTEN

| | |
|---|---|
| Ich habe bei Ihnen ein Zimmer reserviert. | I've reserved a room. [aiw ri'söhwd‿ə 'ruhm] |
| Haben Sie noch Zimmer frei? | Have you got any vacancies? [həw ju got‿,äni 'wäikənsis] |
| ein Einzelzimmer | a single room [ə 'singl ruhm] |
| ein Doppelzimmer | a double room [ə 'dabl ruhm] |
| mit Dusche/Bad | with a shower/bath [wiθ ə 'schauə/'bahθ] |
| Was kostet das Zimmer? | How much is the room? ['hau 'matsch is θə ruhm] |
| Frühstück | breakfast ['bräkfəst] |

## PRAKTISCHE INFORMATIONEN

| | |
|---|---|
| Können Sie mir einen Arzt empfehlen? | Can you recommend a doctor? [kən ju ,räkə'mänd ə 'doktə] |
| Ich habe hier Schmerzen. | I've got pain here. [aiw got päin 'hiə] |
| Ich habe Durchfall. | I've got diarrhoea. [aiw got daiə'riə] |
| Kinderarzt | pediatrician [,pihdiə'trischn] |
| Zahnarzt | dentist ['däntist] |
| Eine Briefmarke, bitte. | One stamp, please. [wan stämp 'plihs] |
| Wo ist bitte … | Where's … , please? ['weəs … plihs] |
| … die nächste Bank? | … the nearest bank … [θə 'niərist 'bänk] |
| … der nächste Geldautomat? | … the nearest cashpoint … [θə 'niərist 'käschpoint] |

## ZAHLEN

| | | | |
|---|---|---|---|
| 1 | one [wan] | 11 | eleven [i'läwn] |
| 2 | two [tuh] | 12 | twelve [twälw] |
| 3 | three [θrih] | 20 | twenty ['twänti] |
| 4 | four [foh] | 50 | fifty ['fifti] |
| 5 | five [faiw] | 100 | a (one) hundred [ə ('wan) 'handrəd] |
| 6 | six [siks] | 200 | two hundred ['tuh 'handrəd] |
| 7 | seven ['säwn] | 500 | five hundred ['faiw 'handrəd] |
| 8 | eight [äit] | 1000 | a (one) thousand [ə ('wan) 'θausənd] |
| 9 | nine [nain] | 1/2 | a half [ə 'hahf] |
| 10 | ten [tän] | 1/4 | a (one) quarter [ə ('wan) 'kwohtə] |

Elefantenherde vor dem Kilimandscharo

# > UNTERWEGS IN TANSANIA

Die Seiteneinteilung für den Reiseatlas finden Sie auf dem hinteren Umschlag dieses Reiseführers

# REISE ATLAS

A
B
C
1
2
3
4
5
6
Mts. N.P. des Virunga
Bwindi Impenetrable N.P.
Rutshuru
Kisoro
P. N. des Volcans
Muhabura 4127
Nyiragongo
Mount Karisimbi
3470
4507
Kabale
L. Bunyanyi
L. Burera
Ruhengeri
Byumba
Gisenyi
Goma
Ngororero
Lac Kivu
Kibuye
1460
I. Idjiwi
Kagitumba
Hill
Kikagati
Kaisho
Kasambya
Rubafu
Kampala
Kyaka
Bukoba
Kanazi
Muhutwe
Lake
Lake Ikimba
Kamachumu
Karagwe
Kagera
Muleba
Bumbire I.
Parc Nat. de l'Akagera
Gabiro
Ngarama
L. Muhazi
Lac Ihema
Kigali
Kayonza
(1550)
Rwamagana
Kibungo
1919
Gitarama
Nyabarongo
Mwogo
Akagera
R W A N D A
Kimsi
L. Burigi
Rubondo I.
Rubondo Nat. Park
Biharamulo Game Res.
Emin Pasha Gulf
Nyamirembe
Rusumo Falls
Burigi Game Res.
Ngara
Biharamulo
Nyabisindu
Lac Cyohoha Sud
Lac Rweru
Source du Nil
Rukarara
Gikongoro
Butare
Kirundo
Rovubo
Rulenge
Nungwe Bay
1629
Geita
Runazi
2649
Ghezi
Cibitoke
Rusizi
Ngozi
Muyinga
Nyakahura
Lusahunga
Nyakanazi
Bwanga
Kayanza
Bubanza
Karuzi
U B U R U N D I
P. N. de la Kibira
P. N. de la Ruvubu
Muramvya
Cankuzo
Lyobahika
Kakonko
Bukombe
BUJUMBURA
Gitega
Gisuru
Ruyigi
Kibondo
Moyowosi
Mlera
2670
Kayokwe
Magara
Matana
Kinyinya
Malagarasi
Nikonga
Kigosi
1519
Moyowosi Game Reserve
Kigosi Game Res.
B U R U N D I
Rumonge
Bururi
Sources Sud du Nil
Rutana
Gihofi
Kisogwa
B. de Burton
Makamba
Mabanda
Nyanza-Lac
Makere
K i g o m a
Buhoro
Igombe
Mgende
Mugina
Gombe Stream Nat. P.
Kasulu
1700
Katoto
L. Masimba
Kigoma
Ujiji
Simbo
Uvinza
Malagarasi
L. Nyagamoma
Kaliua
Usoke
Lake Sagara
Sabagasi
Chavuru
1130
1898
Kakimba
Mishamo
Rugufu
Ugalla River Game Reserve
Wala
Lukenga
Ugalla
Sire
KALEMIE
773
Lagossa
Nkondwe
Isimbira
Msima
Katumba
Mahale Mountains Nat. Park
2373
Mahale Mts.
Mtambo
Landamilumba
Mpanda
Uruwira
Fatuma
Kibwesa
Manyo
Ikola
Sitalike
Inyonga
Mpala
Katavi Nat. Park
Karema
R u k w
50 km
Moba
L a k e T a n g a n y i k a
Kavuu
Rungwa
Kapona
Lukufo
Makosa
Zongwe
Kipili
Kisi
Rungwa
2456
120
B8
B3
N5
N34
RN1
RN2
RN3
RN6
RN7
RN8
100
267
193
332
188
113
93
228
311
776
421

D
E
F
KENYA
Victoria
MUSOMA
Kisumu
Shirati
Migori
Lolgorien
Governor's Camp
Ntimaru
Loita
Ewaso Ngiro
Plains
Loita Hills
Nkuruman Escarpment
Kinesi
Utegi
Tarime
Masai Mara Nat. Res.
Mara Res.
Cottar's Mara Camp
Keekorok Lodge
Kleins Camp'
Morijo
Olmesutye
Lobo Lodge
Mugango
Ukara I.
Maji Moto
Mara
Nyamuswa
Bukima
Grumeti
Bololedi
Nansio
Masahunga
Bunda
Ikoma
Banagi
Loliondo
Sonjo
Game Res.
Speke Gulf
Mbalageti
Seronera Lodge
Lake Natron
Malambo
Kayenzi
Nyahanga
Ututwa
Magu
Duma
Usagara
Serengeti N. P.
Serengeti
Ol Doinyo Lengai
Busisi
Bariadi
Oldupai Gorge
Ngorongoro
Engaruka
Ngudu
Malya
Simiyu
Mabuki
Malampaka
Maswa Game Res.
Ngorongoro Crater
Lodmalasin
Moame
Nyalikungu
Plain
Conservation
Ngorogoro Crater Lodge
Nzima
Ilula
Area
Oldeani
Karatu
Mto wa Mbu
Bubiki
Lalago
Lake Manyara Nat. Park
Semu
Shinyanga
Lake Eyasi
L. Manyara
Nyegezi
Arusha
Itwangi
Mbulu
Jomu
Manonga
Sibiti
Mbugwe
Tunguru
Igurubi
Tarangire National Park
Itobo
Lake Kitangiri
Ndareda
Nzega
Babati
Bukene
Ziba
Igunga
Selasike
Ndurumo
Basotu
Wembere
Bereku
Katesh
Igombe
Iguguno
Ndala
Singida
Mgori
Kolo
Kondoa
Mwaru
Puma
Misaki
Kelema
Kwa Mtoro
Igalula
Bubu
Kisengi
Mponde
Isuna
Farkwa
Tutuo
Nyahua
Chona
Dodoma
Sikonge
Kapatu
Itigi
Saranda
Meia Meia
bora
Ipole
Manyoni
Kilimatinde
Mwanisenga
Muhesi Game Reserve
Bahi
Kalangali
Singida
DODOMA
Shama
Itumba
Iseke
Mwitikira
Kisigo
Kizigo Game Reserve
Kitunda
Isseke
Chipogolo
Lukolini
Rungwa
Rungwa Game Reserve
Njombe
Iringa
Mtera Dam
Ruaha National Park
Piti
Kampi Katoto
Mkanga
Migole
121
B6
B3
B8
C12
C13
220
245
121
214
352
434
248
606
257

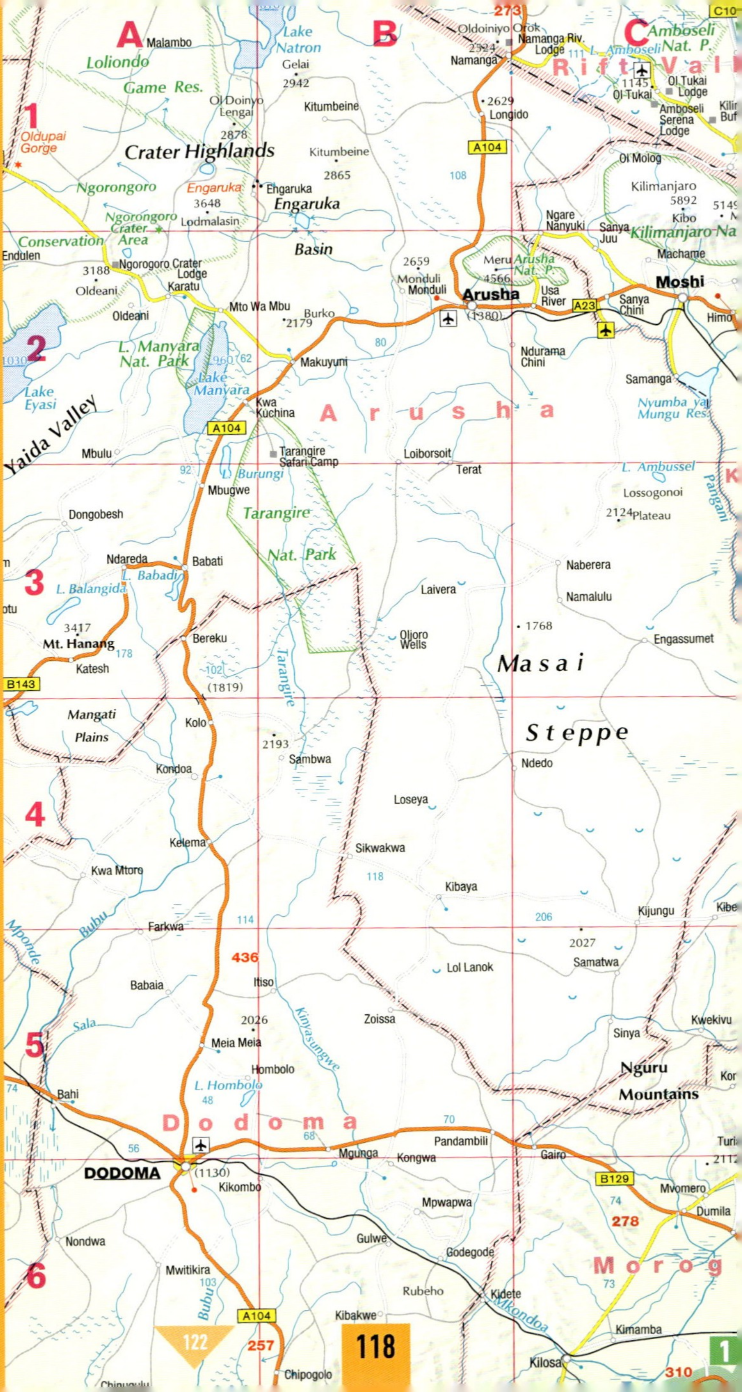
A
B
C
C10
1
2
3
4
5
6
273
Malambo
Lake Natron
Gelai
2942
Oldoiniyo Orok
2524
Namanga Riv. Lodge
Namanga
Amboseli Nat. P.
L. Amboseli
111
Rift Val
1145
Ol Tukai
Ol Tukai Lodge
Amboseli Serena Lodge
Loliondo
Game Res.
Ol Doinyo Lengai
2878
Kitumbeine
2629
Longido
A104
Oldupai Gorge
Crater Highlands
Kitumbeine
2865
Ol Molog
108
Ngorongoro
Engaruka
Engaruka
3648
Engaruka
Lodmalasin
Ngorongoro Crater Area
Conservation
Basin
Kilimanjaro
5892
Kibo
Ngare Nanyuki
Sanya Juu
Kilimanjaro Na
Machame
Endulen
3188
Ngorogoro Crater Lodge
Oldeani
Karatu
Oldeani
Mto Wa Mbu
Burko
2179
2659
Monduli
Monduli
Meru
4566
Arusha Nat. P.
Arusha
(1380)
Usa River
A23
Moshi
Sanya Chini
Himo
L. Manyara Nat. Park
1030
960
62
Lake Manyara
Makuyuni
80
Ndurama Chini
Samanga
Lake Eyasi
Yaida Valley
Kwa Kuchina
Arusha
Nyumba ya Mungu Res.
A104
Mbulu
Tarangire Safari Camp
Loiborsoit
Terat
92
L. Burungi
L. Ambussel
Pangani
Mbugwe
Lossogonoi
Dongobesh
Tarangire
2124
Plateau
Ndareda
Babati
Nat. Park
Naberera
L. Babadi
L. Balangida
Laivera
Namalulu
3417
Mt. Hanang
Bereku
Oljoro Wells
1768
Engassumet
178
Katesh
102
(1819)
Tarangire
Masai
B143
Mangati
Plains
Kolo
Steppe
2193
Sambwa
Ndedo
Kondoa
Loseya
Kelema
Sikwakwa
Kwa Mtoro
118
Kibaya
Bubu
Mponde
114
206
Kijungu
Farkwa
2027
436
Samatwa
Babaia
Itiso
Lol Lanok
Sala
2026
Kinyasungwe
Zoissa
Sinya
Kwekivu
Meia Meia
Hombolo
Nguru Mountains
Bahi
L. Hombolo
48
74
Dodoma
70
56
68
Pandambili
Mgunga
Kongwa
Gairo
DODOMA
(1130)
Kikombo
B129
Mvomero
Mpwapwa
74
278
Dumila
Nondwa
Gulwe
Godegode
Morog
Mwitikira
103
Bubu
Rubeho
Kidete
73
Mkondoa
A104
Kibakwe
Kimamba
122
257
Chipogolo
Kilosa
310

D
E
F
1
2
3
4
5
6
Eastern
Coast
KENYA
Kilimanjaro
Tanga
Pwani
Tsavo East National Park
Tsavo West National Park
Nagi Ndethya Nat. Res.
Mkomazi Game Res.
Serengeti Plains
Taita Hills
South Pare Mountains
Usambara Mountains
Tsavo Safari Camp
Mtito Andei
Kenani
Kilaguni Lodge
Kitani Safari Camp
Ngulia Lodge
Ngulia Saf. Cp.
Tsavo
Manyani
Lugard's Falls
Galana
Athi
Tiva
Koito
Crocodile Camp
Matolani
Marafa
Baricho
Hadu
Fundisa
Malindi
Sabaki
Gedi Nat. Mon.
Gedi
Watamu
Watamu Marine N.
Kavuluni
Rare
Ndarapo Swamp
Kedai
Voi Safari Lodge
Voi
Aruba Lodge
Murka Station
Maktau
Bura
Wundanyi
Mwatate
Salt Lick Lodge
Taita Hills Lodge
L. Jipe
Lake J. Lodge
Maungu
Buchuma
Mackinnon Road
Samburu
Rukanga
Kasigau
Bungule
Bamba
Luswani
Ganze
Kilifi
Mnarani
Mbongo
Takaungu
Kaloleni
Vipingo
Sacred Mijikenda Kaya Forests
Mariakani
Kikambala
Al-Qahira
Mazeras
Mtpawa
Changamwe
Mombasa Marine National Park
MOMBASA
Kinango
Kwale
Shimba Hills Nat. P.
Ndavaya
Tiwi
Njele
Mwabungu
Mwangulu
Gazi
Kikoneni
Diani-Chale Marine Nat. Park
Ramisi
Funzi I.
Lunga Lunga
Vanga
Shimoni
Wasini I.
Kisite-Mpunguti Marine Nat. P.
Umba
Mikameni
Mtandikeni
Kisiwani
Ndundu
Hedaru
Kihurio
Mnanzi
Shagein
Mlalo
Malikwe
Mkomazi
Buiko
Lushoto
Mombo
Pangani
Mkujani
Doda
Amboni
Caves
TANGA
Korogwe
Muheza
Kigombe
Segera
Makinda
Handeni
Pangani
Tongwe
Mwera
Msangasi
Korodiga
Magamba
Kisasi
Mgambo
Mkwaja
Mkata
Mziha
Lukigura
Mbwewe
Mligasi
Saadani Nat. P.
Saadani
Wami
Pongwe
Msata
Bagamoyo
Kaole Ruins
Munoe
Chalinze
Mbala
Mlandizi
Mikese
Ngerengere
Morogoro
Ruvu
Mzenga
Kunduchi
Kisarawe
Mbwamaji
DAR ES SALAAM
Dar es Salaam
Beira
Ras Kigomasha
Konde
Wete
Kojani I.
Chake Chake
Pemba Island
Mkoani
Kengeja
Pemba Channel
INDIAN OCEAN
Zanzibar and Pemba
Nungwi
Tumbato I.
Mkokotoni
Kiwengwa
Mahonda
Zanzibar Island
ZANZIBAR
Chwaka
Jozani-Chwaka Bay Nat. P.
Paje
Kitogani
Fumba
Makunduchi
Kizimkazi
Zanzibar Channel
30 km
C103
A23
A109
C106
A14
B127
A7
330
126
154
164
69
295
193
1
123

A
B
C
116
1
2
3
4
5
6
776
421
496
KALEMIE
Kakimba
Lukenga
Bujumbura
Kigoma
Lagossa
Mahale Mountains Nat. Park
Mahale Mts.
2373
Mishamo
Rugufu
Ugalla
Nkondwe
B8
Landamilumba
Mpanda
Ugalla River Game Reserve
Sire
Isimbir
Msima
Mtambo
Katum
Wala
Uruwira
Sitalike
Inyonga
Katavi Nat. Park
Rukw
Rungwa
Fatuma
Kibwesa
Manyo
Ikola
Karema
Mpala
Mts. Mugila
Moba
Kapona
N34
Lukufo
Makosa
Zongwe
Mtakuja
Kipili
Kisi
Chala
Sala
Kavuu
RÉP. DÉM. DU CONGO
2456
Kitendwe
Namanyere
Lake Tanganyika
Lake Rukwa
Mutoto
Pepa
Marungu
Wampembe
2694
Nkundi
Mbizi Mts.
Sumbawanga
Milepa
Luvunzo
Kasabi
Balanga
Kala
Kalambo
Moliro
Mpui
Kawaya
Kaputa
Kasanga
Isopa
Bulaya
Sumbu
Nkamba Lodge
Kalambo Falls
Laela
Mweru Wantipa Nat. Park
L. Mweru Wantipa
Chiengi
L. Mweru
Sumbu Nat. Park
Chipasanse
Mwimbwi
Saisi
Mpulungu
Mbala
Nsama
Kafulwe
Tundulu
2067
D1
Mambwe
Lufuba
M1
Chozi
Lusenga Plain Nat. Park
Mporokoso
D19
Mukunsa
Lumangwe Falls
Luangwa
Nondo
Chambeshi
Kayambi
Kalungwishi
Kapoke
Makasa
Kawambwa
Mushota
Kapatu
Ngolo
Mukupa Kaoma
1621
ZAMBIA
D20
M13
Chisimba Falls
Chilubula
D18
Mulilansolo
Lukulu
Maloie
Luongo
M3
Luwingu
Lubushi
Kasama
Northern
Lubansenshi
Chinsali
Nkole
Luena
Lubu
Chipili
Kasaba
Nsombo
Duta
Kawembwe
Lake Bangweulu
Isangano Nat. Park
Mansha
Kamangu
Lubwe
Mofu
Shiwa Ngandu
Mbati
Mibenge
D94
Samfya
Mushipashi
Chungu
Lwela
L. Kampolombo
Bangweulu Swamps
1841
Mwaleshi
North Luangwa National Park
Kanchibya
Luapula
Twingi
Mpika

D
E
F
117
1
2
3
4
5
6
A
Sikonge
Ipole
Mwanisenga
Itigi
Saranda
Manyoni
Kilimatinde
Chona
Kapatu
434
2026
Meia Meia
Bahi
248
DODOMA
(1130)
Muhesi
Game
Reserve
Singida
Kalangali
B8
Shama
183
196
Itumba
Iseke
Kisigo
Mwitikira
103
Dodoma
606
Kizigo Game
Reserve
1708
Kitunda
Isseke
Bubu
Chipogolo
257
Lukolini
Rungwa
Rungwa
Game Reserve
Mtera
Dam
Piti
185
Kampi
Katoto
Mkanga
Njombe
Ruaha
National
Park
Iringa
Migole
84
Luganga
B6
1425
Msembe
Kipembawe
Igoma
Great Ruaha
Idodi
Iringa
Isimila
180
83
Ifunda
Ulete
Mbeya
Lupa
Usungu
Game
Res.
Ndembera
Madibira
2196
Dabaga
Sao Hill
Little Ruaha
Ngomba
Makongolosi
Shoga
Zira
Chunya
97
James Corner
Malangani
Chita
Kibau
109
Lupa Market
2828
Mbeya
182
Igawa
78
65
Chimala
Makungu
Morogoro
39
Makambako
Uyole
Iyayi
Utengule
Mbozi
109
55
54
58
Njiapanda
Kitulo
Plateau
Nat. P.
Kipengere Range
2961
Kipengere
Mpanga Game Res.
61
Taveta
Mbozi
Meteorit
Tukuyu
Mdandu
B4
Njombe
Tunduma
Itumba
35
Masoko
Matema
Songwe
Ruhudji
M14
Kyela
298
Itungi
122
Chitipa
94
50
Lusitu
Lukumburu
Kaporo
Pitu
98
M1
Magingo
M9
M26
Karonga
Chisenga
Lake
54
385
Ngara
Rudewa
Kitiwaka
Ruhuhu
115
Gumbiro
122
Kampumbu
Malawi/
Zambia
Transfrontier
Conserv.
Area
M14
Nthalire
Nyika
2606
101
Chilumba
Manda
Rutukira
Luangwa
Muyombe
Chelinda
Nyika
Plateau
Nat. Park
Khondowe
Lituhi
Ruvuma
72
118
Livingstonia
(1100)
Songea
169
Sitwe
Chiweta
Malawi
Lake Nyasa
Katumbi
55
78
Mbinga
Mpitimbi
Luwumbu
Vwarza Marsh
Wildlife
Reserve
Karonga
A19
Lunyere
Lukimwa
Rumphi
Ruarwe
Liuli
Mpepayi
2058
Chimaliro
Chama
Emcisweni
704
Mbamba Bay
MALAWI
63
Kafukule
Chikwina
Euthini
South Rukuru
Mzuzu
474
Nkhata
Bay
Mitomoni
Mazoco
R. Rovuma
Rio Moola
M1
1954
115
48
Mbeya
M9
Chikwa
50 km
Lupiliche
388
Chinteche
Mzimba
Lunzi

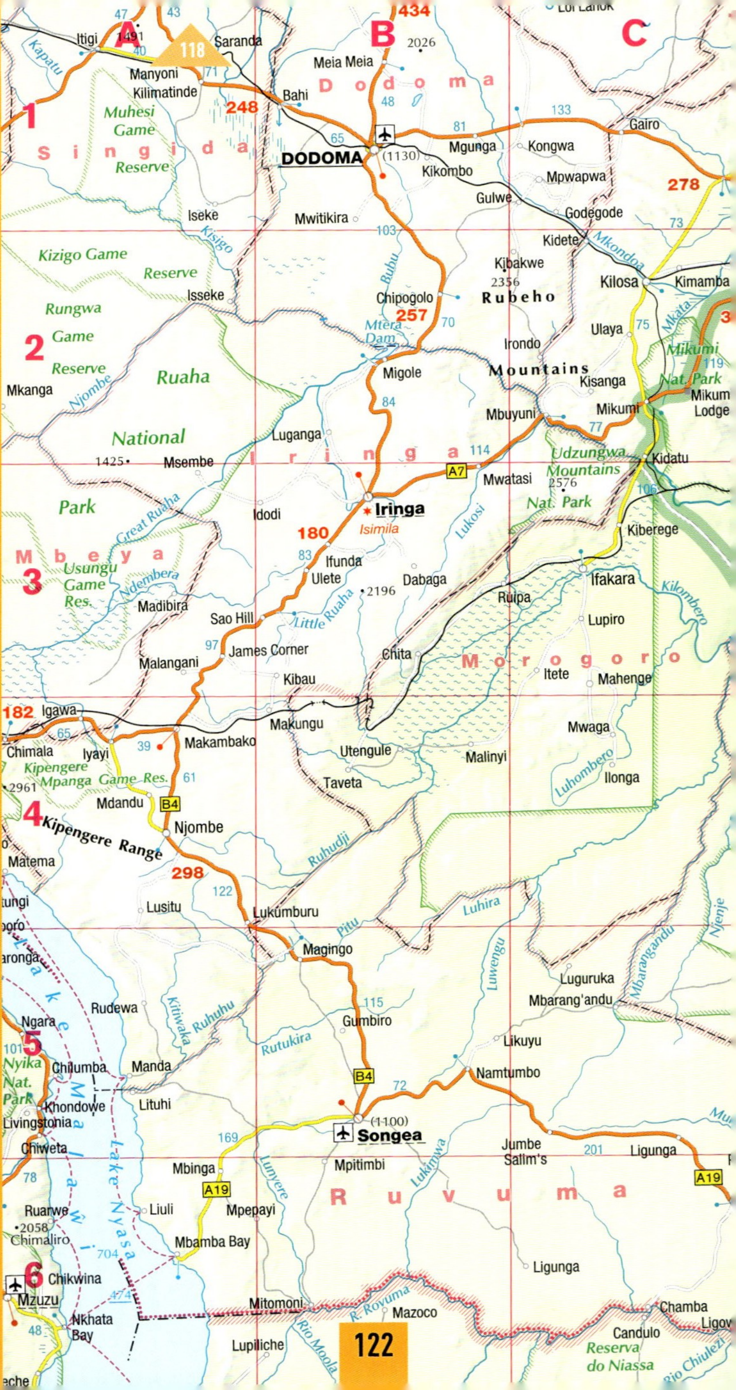
A
B
C
1
2
3
4
5
6
118
Itigi
Kapatu
Saranda
Manyoni
Kilimatinde
Muhesi Game Reserve
Singida
Bahi
248
Meia Meia
2026
Dodoma
DODOMA
(1130)
Mgunga
Kongwa
Gairo
Kikombo
Mpwapwa
Gulwe
Godegode
278
Iseke
Mwitikira
Kisigo
Kizigo Game Reserve
Isseke
Kidete
Mkondoa
Kibakwe
2356
Rubeho
Kilosa
Kimamba
Bubu
Chipogolo
257
Mtera Dam
Ulaya
Mkata
Mikumi Nat. Park
Irondo
Mountains
Kisanga
Mikumi
Mikum Lodge
Rungwa Game Reserve
Mkanga
Njombe
Ruaha National Park
Migole
Luganga
Mbuyuni
Udzungwa Mountains Nat. Park
Kidatu
1425
Msembe
Iringa
A7
Mwatasi
2576
Great Ruaha
Idodi
Isimila
180
Lukosi
Kiberege
Mbeya
Usungu Game Res.
Ndembera
Ifunda
Ulete
Dabaga
2196
Ifakara
Kilombero
Madibira
Ruipa
Sao Hill
Little Ruaha
Lupiro
Malangani
James Corner
Chita
Morogoro
Itete
Mahenge
Kibau
182
Igawa
Makungu
Mwaga
Chimala
Iyayi
Makambako
Utengule
Malinyi
Kipengere Mpanga Game Res.
2961
Taveta
Luhombero
Ilonga
Mdandu
B4
Njombe
Kipengere Range
Matema
298
Ruhudji
Luhira
Lusitu
Lukumburu
Pitu
Njenje
Magingo
Luwengu
Mbarangandu
Luguruka
Mbarang'andu
Rudewa
Kitiwaka
Ruhuhu
Ngara
Gumbiro
Rutukira
Likuyu
Lake Malawi
Nyika Nat. Park
Chilumba
Manda
Namtumbo
Khondowe
Lituhi
Livingstonia
(1100)
Songea
Chiweta
Lake Nyasa
Mbinga
Lunyere
Lukimwa
Jumbe Salim's
Ligunga
A19
Mpitimbi
Ruvuma
Ruarwe
2058
Chimaliro
Liuli
Mpepayi
Mbamba Bay
Ligunga
Chikwina
Mzuzu
Nkhata Bay
Mitomoni
R. Rovuma
Mazoco
Chamba
Candulo
Reserva do Niassa
Rio Moola
Lupiliche
Rio Chiulezi

D
E
F
Zanzibar and Pemba
119
Mkata
Mkwaja
Zanzibar
Mombasa
Mkokotoni
Zanzibar Island
Mligasi
Saadani Nat. P.
A14
Sadani
Mbwewe
166
ZANZIBAR
Chwaka
Jozani-Chwaka Bay Nat. P.
50 km
Wami
Msata
Bagamoyo
Channel
Makunduchi
Kizimkazi
Kaole Ruins
Chalinze
84
Mlandizi
A7
109
Kunduchi
Mikese
Ngerengere
Kibaha
DAR ES SALAAM
Morogoro
Kisarawe
Mbwamaji
Ruvu
Mzenga
Dar es Salaam
Mkuranga
Maneromango
Buyuni
Mvuha
Mgeta
B2
Mazomora
Kisangire
Kisiju
483
P w a n i
Mafia Chan.
Bweni
Kibiti
Mpanga
Stiegler's Gorge
Rufiji
Kikale
Mafia Island
Kilindoni
Chole Bay
Niangandu
Logeloge
Juani Island
Utete
Mohoro
Samanga
Ngarimbi
Selous
Kilwa Kivinje
me Reserve
Njinjo
Nanguru-kuru
Kilwa Masoko
Kilwa Kisiwani
Mpatora
Naiwangaa
Kiwatama
Songo Mnara
Matandu
Zinga Mulike
Mavuji
Mitole
L i n d i
Kitumbini
Nanjirinji
Mchinga
Liwale
Mbemkuru
Lindi
Lindi Bay
Mihumo Chini
nguwiro
Ruangwa
Mingoyo
Ngwale
Ruponda
Ndumbwe
Mtwara
Mtama
Nachingwea
Mikindani
Beira
Nanganga
Nyangamara
Mwambo
Namuiranga
Ndanda
Nanguruwe
B5
Makonde
Mkonjowano
Quionga
Matekwe
Kitangari
Nanyamba
Kitaya
Masasi
Plateau
A19
Palma
Cabo Delgado
M t w a r a
Rovuma
R. Rovuma
Mkowela
Nangomba
Newala
Pundanhar
Quirimba Archipelago
Chitowe
Mbangala
Nangade
247
515
Mocímboa do Rovuma
Nazombe
Mocímboa da Praia
Masuguru
C a b o D e l g a d o
246
Negomane
Diaca
Rio Jurege
Gungure
243
Mueda
Quiterajo
O Ç A M B I Q U E
Muidumbe
Chai

A
B
C
1
2
3
4
5
6
Sansibar
10 km
Ras Nungwi
Nungwi
Kendwa
Daloni Island
Kidoti
Tumbatu Island
Fukuchani
Mnemba Island
Gomani
Puopu Island
Potowa
Kigomani
Matemwe Beach Village
Mkokotoni
Kivunge
Matemwe
Ras Uso Wa Membe
Indischer Ozean
Chaani Ndogo
Pwani Mchangani
Makoba
Bububu
Kipange
Donge
Bumbwini
Kinyasini
Zingwe Zingwe
Sklaven-kammern
Mahonda
Kiwengwa
Mangapwani
Pangani
Ndagaa
Bondeni
Kazole
Kichwele Forest Reserve
Pongwe
Kama
Mwakaje
Mchangani
Persische Bäder
Kiboje
Chuini
Chuini-Ruinen
Kizimbani
Uroa
Bububu
Machui
Mpapa
Fuji Beach
Kidichi
Changuu Island
Bambi New Town
Ras Michamwi
Chapwani Island
Koani
Bawe Island
Mtoni
Michamwi
Mtoni-Ruinen
Dunga
Pingwe/Kae
Maruhubi-Ruinen
Chwaka
Chwaka Bay
Stone Town
Zanzibar Town
Fuoni
Dongwe
Murogo Island
Charawe
Ukongoroni
Tunguu
Mbweni-Ruinen
Jozani-Chwaka Bay NP
Chukwani
Bungi
Bwejuu
Kombeni
Ukanga Island
Jozani
Paje
Chumbe Island
Chumbe Island Coral Park
Kiwani
Pete
Kitogani
Bweleo
Unguja Ukuu
Muungoni
Fumba
Sume Island
Jambiani
Ras Mkita
Bay
Uzi
Uzi Island
Niamembe Island
Muyuni
Kwale Island
Dar-es-Salaam
Zanzibar
Makunduchi
Kufile
Pungume Island
Kizimkazi Dimbani
Kizimkazi
Mzambarauni
Shirazi-Moschee
Channel

D
E
F
1
2
3
4
5
6
Stone Town
500 m
Pemba
Indischer Ozean
Fähr-
hafen
Dar-es-Salaam
Changuu Island,
Bawe Island
Fischmarkt
Nungwi, Bububu, Livingstone House
Funguni Rd.
Malawi Rd.
Mizangani Rd.
Malindi Road
University of
Marine Science
Malindi
Police Station
Old
Dispensary
Big Tree
Friedhof
der Sultane
Street
Malindi
Kanga Bazar
Kokoni
Street
Benjamin
Mkapa
(Creek) Road
Zanzibar
Tourist Information,
Cooperation (ZTC)
Jamatini
Rd.
Palace Museum
Mizingani Road
Nyumba ya Moto Street
Kiponda Street
Shiva-Shakti-
Hindutempel
Forodhani
Gardens
Chapwani
Island
Sokoku St.
Beit al Ajaib
(House of
Wonders)
Hurumzi Street
236 Hurumzi
Khod Bazar
Ali Hassan
Mwinyi Rd.
Darajani
Street
Orphanage
House
Ngome Kongwe/
Omani Fort
Changa Bazar
Mkunazini St.
Bank
Tembo Hotel
Geburtshaus
Freddie Mercury
Gizenga St.
Markt
Busbahnhof
Hamamni
Street
Hamamni
Kajificheni
Street
Kelele
Square
Tippu Tip's
House
Kenyatta Rd.
Cathedral
Street
Anglikanische
Kathedrale
St. Joseph
Cathedral
New
Mkunazini Road
New
Mkunazini Road
Shangani Street
Baghani Street
Sokomuhogo Street
Mkunazini Street
Suicide
Alley
Africa House
Hotel
Pipalwadi Street
Karume Road
AMC Medical
Center
Jamhuri
Gardens
Kawawa (Vuga) Rd.
Medical & Diagnostic
Center
High Court
of Justice
Victoria Street
Kiswahili-
Institut
Victoria
Gardens
Office Rd.
Benjamin Mkapa
(Creek) Road
House of
Representatives
State
House
Museum Road
Beyt-al-Amani
Kaunda Road
Health
Mapinduzi Road
Mnazi-Mmoja
Sports Ground
Flughafen
Zanzibar-Archiv

# KARTENLEGENDE

| | | |
|---|---|---|
| Autobahn, mehrspurige Straße - in Bau<br>Highway, multilane divided road<br>- under construction | | Autoroute, route à plusieurs voies - en construction<br>Autosnelweg, weg met meer rijstroken<br>- in aanleg |
| Fernverkehrsstraße - in Bau<br>Trunk road - under construction | | Route à grande circulation - en construction<br>Weg voor interlokaal verkeer - in aanleg |
| Hauptstraße<br>Principal highway | | Route principale<br>Hoofdweg |
| Nebenstraße<br>Secondary road | | Route secondaire<br>Overige verharde wegen |
| Fahrweg, Piste<br>Practicable road, track | | Chemin carrossable, piste<br>Weg, piste |
| Straßennummerierung<br>Road numbering | C 33 RN3 | Numérotage des routes<br>Wegnummering |
| Entfernungen in Kilometer<br>Distances in kilometers | 259<br>130 129 | Distances en kilomètres<br>Afstand in kilometers |
| Höhe in Meter - Pass<br>Height in meters - Pass | 1365 | Altitude en mètres - Col<br>Hoogte in meters - Pas |
| Eisenbahn - Eisenbahnfähre<br>Railway - Railway ferry | | Chemin de fer - Ferry-boat<br>Spoorweg - Spoorpont |
| Autofähre - Schifffahrtslinie<br>Car ferry - Shipping route | | Bac autos - Ligne maritime<br>Autoveer - Scheepvaartlijn |
| Wichtiger internationaler Flughafen - Flughafen<br>Major international airport - Airport | | Aéroport importante international - Aéroport<br>Belangrijke internationale luchthaven - Luchthaven |
| Internationale Grenze - Provinzgrenze<br>International boundary - Province boundary | | Frontière internationale - Limite de Province<br>Internationale grens - Provinciale grens |
| Unbestimmte Grenze<br>Undefined boundary | | Frontière d'Etat non définie<br>Rijksgrens onbepaalt |
| Zeitzonengrenze<br>Time zone boundary | -4h Greenwich Time<br>-3h Greenwich Time | Limite de fuseau horaire<br>Tijdzone-grens |
| Hauptstadt eines souveränen Staates<br>National capital | DODOMA | Capitale nationale<br>Hoofdstad van een souvereine staat |
| Hauptstadt eines Bundesstaates<br>Federal capital | Tabora | Capitale d'un état fédéral<br>Hoofdstad van een deelstat |
| Sperrgebiet<br>Restricted area | | Zone interdite<br>Verboden gebied |
| Nationalpark<br>National park | | Parc national<br>Nationaal park |
| Antikes Baudenkmal<br>Ancient monument | | Localité remarquable<br>Bezienswaardige plaats |
| Sehenswertes Kulturdenkmal<br>Interesting cultural monument | Rock Paintings | Monument culturel intéressant<br>Bezienswaardig cultuurmonument |
| Sehenswertes Naturdenkmal<br>Interesting natural monument | Caves | Monuments naturel intéressant<br>Bezienswaardig natuurmonument |
| Brunnen<br>Well | | Puits<br>Bron |
| Ausflüge & Touren<br>Excursions & tours | | Excursions & tours<br>Uitstapjes & tours |

# FÜR IHRE NÄCHSTE REISE

## gibt es folgende MARCO POLO Titel:

**DEUTSCHLAND**
Allgäu
Amrum/Föhr
Bayerischer Wald
Berlin
Bodensee
Chiemgau/Berchtesgadener Land
Dresden/Sächsische Schweiz
Düsseldorf
Eifel
Erzgebirge/Vogtland
Franken
Frankfurt
Hamburg
Harz
Heidelberg
Köln
Lausitz/Spreewald/Zittauer Gebirge
Leipzig
Lüneburger Heide/Wendland
Mark Brandenburg
Mecklenburgische Seenplatte
Mosel
München
Nordseeküste Schleswig-Holstein
Oberbayern
Ostfriesische Inseln
Ostfriesland/Nordseeküste Niedersachsen/Helgoland
Ostseeküste Mecklenburg-Vorpommern
Ostseeküste Schleswig-Holstein
Pfalz
Potsdam
Rheingau/Wiesbaden
Rügen/Hiddensee/Stralsund
Ruhrgebiet
Sauerland
Schwäbische Alb
Schwarzwald
Stuttgart
Sylt
Thüringen
Usedom
Weimar

**ÖSTERREICH | SCHWEIZ**
Berner Oberland/Bern
Kärnten
Österreich
Salzburger Land
Schweiz
Steiermark
Tessin
Tirol
Wien
Zürich

**FRANKREICH**
Bretagne
Burgund
Côte d'Azur/Monaco
Elsass
Frankreich
Französische Atlantikküste
Korsika
Languedoc-Roussillon
Loire-Tal
Nizza/Antibes/Cannes/Monaco
Normandie
Paris
Provence

**ITALIEN | MALTA**
Apulien
Capri
Dolomiten
Elba/Toskanischer Archipel
Emilia-Romagna
Florenz
Gardasee
Golf von Neapel
Ischia
Italien
Italienische Adria
Italien Nord
Italien Süd
Kalabrien
Ligurien/Cinque Terre
Mailand/Lombardei
Malta/Gozo
Oberital. Seen
Piemont/Turin
Rom
Sardinien
Sizilien/Liparische Inseln
Südtirol
Toskana
Umbrien
Venedig
Venetien/Friaul

**SPANIEN | PORTUGAL**
Algarve
Andalusien
Barcelona
Baskenland/Bilbao
Costa Blanca
Costa Brava
Costa del Sol/Granada
Fuerteventura
Gran Canaria
Ibiza/Formentera
Jakobsweg/Spanien
La Gomera/El Hierro
Lanzarote
La Palma
Lissabon
Madeira
Madrid
Mallorca
Menorca
Portugal
Sevilla
Spanien
Teneriffa

**NORDEUROPA**
Bornholm
Dänemark
Finnland
Island
Kopenhagen
Norwegen
Oslo
Schweden
Stockholm
Südschweden

**WESTEUROPA | BENELUX**
Amsterdam
Brüssel
Dublin
Edinburgh
England
Flandern
Irland
Kanalinseln
London
Luxemburg
Niederlande
Niederländische Küste
Schottland
Südengland

**OSTEUROPA**
Baltikum
Budapest
Danzig
Estland
Kaliningrader Gebiet
Krakau
Lettland
Litauen/Kurische Nehrung
Masurische Seen
Moskau
Plattensee
Polen
Polnische Ostseeküste/Danzig
Prag
Riesengebirge
Russland
Slowakei
St. Petersburg
Tallinn
Tschechien
Ukraine
Ungarn
Warschau

**SÜDOSTEUROPA**
Bulgarien
Bulgarische Schwarzmeerküste
Kroatische Küste/Dalmatien
Kroatische Küste/Istrien/Kvarner
Montenegro
Rumänien
Slowenien

**GRIECHENLAND | TÜRKEI | ZYPERN**
Athen
Chalkidiki
Griechenland Festland
Griechische Inseln/Ägäis
Istanbul
Korfu
Kos
Kreta
Peloponnes
Rhodos
Samos
Santorin
Türkei
Türkische Südküste
Türkische Westküste
Zakinthos
Zypern

**NORDAMERIKA**
Alaska
Chicago und die Großen Seen
Florida
Hawaii
Kalifornien
Kanada
Kanada Ost
Kanada West
Las Vegas
Los Angeles
New York
San Francisco
USA
USA Neuengland/Long Island
USA Ost
USA Südstaaten/New Orleans
USA Südwest
USA West
Washington D.C.

**MITTEL- UND SÜDAMERIKA**
Argentinien
Brasilien
Chile
Costa Rica
Dominikanische Republik
Jamaika
Karibik/Große Antillen
Karibik/Kleine Antillen
Kuba
Mexiko
Peru/Bolivien
Venezuela
Yucatán

**AFRIKA | VORDERER ORIENT**
Ägypten
Djerba/Südtunesien
Dubai
Israel
Jerusalem
Jordanien
Kapstadt/Wine Lands/Garden Route
Kapverdische Inseln
Kenia
Marokko
Namibia
Qatar/Bahrain/Kuwait
Rotes Meer/Sinai
Südafrika
Tansania, Sansibar
Tunesien
Vereinigte Arabische Emirate

**ASIEN**
Bali/Lombok
Bangkok
China
Hongkong/Macau
Indien
Indien/Der Süden
Japan
Kambodscha
Ko Samui/Ko Phangan
Krabi/Ko Phi Phi/Ko Lanta
Malaysia
Nepal
Peking
Philippinen
Phuket
Rajasthan
Shanghai
Singapur
Sri Lanka
Thailand
Tokio
Vietnam

**INDISCHER OZEAN | PAZIFIK**
Australien
Malediven
Mauritius
Neuseeland
Seychellen
Südsee

# REGISTER

*Im Register sind alle in diesem Reiseführer erwähnten Orte und Ausflugsziele sowie wichtige Sachbegriffe verzeichnet. Halbfette Seitenzahlen verweisen auf den Haupteintrag, kursive auf ein Foto.*



**> *www.marcopolo.de/tansania***

## > SCHREIBEN SIE UNS!

*Liebe Leserin, lieber Leser,*

wir setzen alles daran, Ihnen möglichst aktuelle Informationen mit auf die Reise zu geben. Dennoch schleichen sich manchmal Fehler ein – trotz gründlicher Recherche unserer Autoren/innen. Sie haben sicherlich Verständnis, dass der Verlag dafür keine Haftung übernehmen kann. Wir freuen uns aber, wenn Sie uns schreiben.

Senden Sie Ihre Post an die
MARCO POLO Redaktion,
MAIRDUMONT, Postfach 31 51,
73751 Ostfildern,
info@marcopolo.de

## IMPRESSUM

Titelbild: Elefanten am Kilimandscharo (Laif: Hoa-Qui; Mauritius: PowerStock)
Fotos: alindi.net: T. Müller (48/49); Ally Rehmtullah Couture: Raqey.com (15 u.); Buccaneer Diving and Watersports: Sander den Haring (13 o.); Chagga Tours (12 o., 12 u.); Diamir Erlebnisreisen GmbH (8/9, 41, 70); M. Engelhardt (130); Getty Images: Groenendijk (60/61), Osborne (3 r., 65); R. M. Gill (58); Susanne Hoheisel (94 o. l., 94 u. r., 95 M. r.); Huber: Gianni (24/25), Limmatdruck (27), Ripani (72/73); © iStockphoto.com: Don Bayley (95 o.l.), Nick Free (95 M.l.), Mario Kos (95 u.r.) ranplett (15 o.); G. Jung (U.M., 4 l., 8/9, 32, 45, 50); M. Kirchgessner (3 M, 3l., 22, 43, 46, 53, 74, 75, 77, 84, 131); Laif: Dorn (22/23, 23), Hemis (20, 100/101), Hilger (2 l., 28/29), Kirchgessner (28, 29), Kuenzig (79), Rodtmann (76); Laif/Le Figaro Magazine: Fleury (54, 57), Laif:/hemis.fr: Dozier (U. r., 80, 82, 87), Laif: Hoa-Qui (114/115); Laif/Hoa-Qui: Denis-Huot (96/97), De Wilde (5, 48/49), Lafforgue (62), Pavard (88/89), Laif/Hoa-Qui/Jacana: Shah (34), Laif/Jacana: Shah (93), Laif/Reporter: Diard (11); LangiLangi (94 M.r.); Look: TerraVista (90/91); Look/age fotostock: Leniuk (26); H. Mielke (98); Music Crossroads International: Matt Clark (13 u.); Mawazo Contemporary Art Centre (15 M.); Right to Play Switzerland (14 u.); Spanish Dancer Divers: Sergio del Barrio (94 M. l.); Tarangire Treetops (14 o.); La Terra Magica: Lenz (U. l., 2 r., 16/17, 30/31, 37, 39); Visum: Keller (4 r., 68), Ostergaard (67), Panos Pictures (102)

**1. Auflage 2010**

Chefredaktion: Michaela Lienemann (Konzept, Chefin vom Dienst), Marion Zorn (Konzept, Textchefin)
Autor: Marc Engelhardt; Redaktion: Andrea Mertes
Programmbetreuung: Silwen Randebrock; Bildredaktion: Gabriele Forst
Szene/24h: wunder media, München
Kartografie Reiseatlas: © MAIRDUMONT, Ostfildern
Innengestaltung: Zum goldenen Hirschen, Hamburg; Titel/S. 1–3: Factor Product, München
Sprachführer: in Zusammenarbeit mit Ernst Klett Sprachen GmbH, Stuttgart, Redaktion PONS Wörterbücher

Printed in Germany. Gedruckt auf 100% chlorfrei gebleichtem Papier

# > UNSER AUTOR

## MARCO POLO Insider Marc Engelhardt im Interview

**Marc Engelhardt lebt seit 2004 mit seiner Familie in Afrika. Als Korrespondent u. a. für ARD-Radio ist er regelmäßig in Tansania unterwegs.**

### Wieso leben Sie in Afrika?

Meine Frau und ich waren schon ein paar Mal in Afrika, als sie schließlich eine Stelle in Nairobi zugesagt bekam. Die Menschen und die Natur in Afrika hatten uns schon im Urlaub so sehr fasziniert, dass wir nicht lange überlegt haben. Ich habe meinen Job bei der Tagesschau gekündigt und bin von der Elbe an den Äquator gezogen.

### Was reizt Sie an Tansania?

Tansania hat all die Seiten, derentwegen ich so gerne in Afrika lebe: die schier endlose Weite und die von den Menschen so unbeeindruckt wirkende Tierwelt, aber auch das pulsierende Leben einer Großstadt wie Dar und Menschen, mit denen man Tage und Nächte reden kann, ohne dass es langweilig wird. Vor allem aber ist es die Wildnis, die mich fasziniert, und diejenigen, die dort leben und überleben.

### Wo und wie leben Sie genau?

Ich lebe in Kenias Hauptstadt Nairobi, zehn Minuten von der lauten westlichen Innenstadt entfernt, aber dennoch im Grünen. Kenia und Tansania haben viele Gemeinsamkeiten, in manchem sind sie aber auch sehr unterschiedlich. Manchmal habe ich den Eindruck, Tansania ist so, wie Kenia vor zehn Jahren war: freundlich, urtümlich, unerschlossen. Deshalb fahre ich oft und gerne nach Tansania – Arusha ist schließlich nur ein paar Autostunden entfernt.

### Was machen Sie beruflich?

Ich bin freier Afrikakorrespondent und arbeite für deutsche, österreichische und Schweizer Zeitungen sowie für ARD-Radio und -Fernsehen. Ich reise viel in die verschiedensten Ecken Afrikas, natürlich auch in Konflikt- und Krisengebiete. Da ist es schön, sich gleich vor der Haustür erholen zu können.

### Sprechen Sie Suaheli?

Ich spreche sechs Fremdsprachen, aber Suaheli ist leider nicht darunter. Die Tansanier sind einfach zu hilfsbereit: mit wenigen Suaheli-Brocken, dazu Englisch, Händen, Füßen und vor allem viel Lächeln bekommt man immer, was man möchte.

### Was prädestiniert Sie als MARCO POLO Autor?

Ich bin auch fünf Jahre nach meiner ersten Sansibar-Reise neugierig auf Tansania, suche nach neuen Entwicklungen und spannenden Erlebnissen. Weil ich nicht in Tansania selbst lebe, begegne ich dem Land wie ein Besucher, gleich dem MARCO POLO Leser. Und habe doch den Heimvorteil des „Afrikaners".